并不是只有美女，才可笑得倾城。
并不是学会"完美"，就一定会有完美的人生。
异性，不是爱那些无瑕疵的伴侣。
异性，只爱那些动人心魄的伴侣。
一个女人最终极的吸引力，来自于，她懂得如何做一
个真正的女人。

——苏芩

20

苏芩 ■ 著

20岁定好位
30岁有地位

定位改变女人一生

30

湖南文艺出版社

HUNAN LITERATURE AND ART PUBLISHING HOUSE

图书在版编目（CIP）数据

20岁定好位，30岁有地位/苏芩著. —长沙：湖南文艺出版社，2010.10

ISBN 978-7-5404-4657-4

Ⅰ. ①2… Ⅱ. ①苏… Ⅲ. ①女性—成功心理学—通俗读物 Ⅳ. ①B848.4-49

中国版本图书馆CIP数据核字（2010）第196768号

上架建议：**畅销书·女性励志**

20岁定好位，30岁有地位

作　　者：	苏　芩
出 版 人：	刘清华
责任编辑：	唐　明　张　璐
特约编辑：	张应娜　耿金丽
营销支持：	尚　蕾　布　狄
版式设计：	付　莉
封面设计：	熊　琼
出版发行：	湖南文艺出版社
	（长沙市雨花区东二环一段508号　邮编：410014）
网　　址：	www.hnwy.net
印　　刷：	北京京都六环印刷厂
经　　销：	新华书店
开　　本：	880×1230　1/32
字　　数：	200千字
印　　张：	9
版　　次：	2010年11月第1版
印　　次：	2012年1月第9次印刷
书　　号：	ISBN 978-7-5404-4657-4
定　　价：	26.00元

（若有质量问题，请致电质量监督电话：010-84409925）

第①章

第 46 条神秘染色体——男女之不同

第②章

用性别优势去成功——女人,就是天生的优势

第 3 章
了解女人独有的风情——独特的女人性

第 4 章
两性多战事——那些有趣的男人女人们

第**7**章

女人也有劣势——避开你最不擅长的雷区

有人说：男人是直线动物，女人是曲线动物。一条直线和一条曲线，永远永远，并拢不到一起……

就像我和他，总在冲突之中写就着分歧：

我想知道关于他的一切。

他却认为一个被了解了一切的恋人，已然再无可爱下去的价值。

他常常喊"累"，因为做事太多而身累。

我也常常喊"累"，因为无事可做而心累。

不快乐时，我希望有他陪在身边。

不快乐时，他希望我离他稍远点。

……

我相信，他是爱我的。

可男人女人，同一段爱，为何差别却总那么大？

苏芩，你曾说，"爱的重量，不代表爱的质量。"

可男女间，如此不等重的爱，真的可以结出等质的优爱吗？

——安妮

安妮，你知道吗？

女人的爱，希望一天二十四小时，希望一周七天，希望一年三百六十五天。

男人的爱，却希望只八小时之外，只周末两天，只一年内的七天年假。

男人，不是不爱。但男人，永远永远，难像女人期望中的那样去爱。

男人女人身上，有一条不寻常的染色体。

它，决定了男女间，最不同的路径……

——苏芩

chapter ①

第1章

第46条神秘染色体——男女之不同

　　男人说话常爱用"反对的句式"开头。那些过于温和顺遂的男人，女人觉得乏味。那些说话愣头愣脑的男人，反而被女人视为有个性有男子气。

　　女人说话常爱用"肯定的句式"开头。那些说话爱挑三拣四的女人，男人会觉得那不是自己想象中的女人。

　　女人最爱的玩具是珠宝首饰等一切值钱的东西。

　　男人最爱的玩具是"女人"这个费钱的东西。

　　其实男人都爱独自赴宴，因为有机会认识新女人。

　　但女人并不爱独自赴宴，因为这代表她还被剩着。

　　不遇到特别来电的女人，男人懒得装绅士。

　　即便遇到不特别顺眼的男人，女人也希望他能像个绅士。

　　女人会与男人周围的一切女人争夺爱。包括他的母亲。

　　男人从没想过"她更爱我还是更爱她爸爸"的问题。

　　男人最喜欢的言情剧女主角是：美艳的、欲望勃发的。

　　女人最喜欢的言情剧男主角是：温柔的、爱情大于性欲的。

　　男人容易因为做事太多而累。

　　女人更容易因为无事可做而累。

　　男人的梦想是事业，女人的事业是梦想。

　　所以，男人跟女人看似很像，实则天壤之别。

　　……

　　人类共有 46 条染色体，其中的 45 条与性别无关。

　　所以，不论男人女人，在基本的身体特征的生长发育上是没有太大差异的，都随着年龄的增长而按部就班地成长。同时，男人女人在基本的情绪情感方面也无太大差异，会因烦恼而悲伤，会因快乐而喜悦，会追求成就感，会渴望幸福感——男人女人，在基本的构造方面是极其相似的。

当然，除了这第46条染色体。它所决定的，是男人女人所不同之处。

比如：

女性的脂肪含量比男性多70%，肌肉含量少40%。

女性比男性平均矮5英寸。

女性比男性进入青春期的时间早2年左右。

男性的死亡时间比女性早5年左右。

男性的自杀率是女性的3倍。

男性会因为糖分而发胖。

女性会因为脂肪而发胖。

男性比女性更容易患上自闭症。

女性表达快乐情绪的能力更出众。

男性表达愤怒情绪的能力更突出。

犯罪的单身男性比已婚男性多，而犯罪的单身女性则比已婚女性少。

约有25%的男性，在第一次约会时就爱上对方。但女性到了第四次约会，才有15%爱上对方。

人到老年，因为激素的变化，女人会变得固执专断，男人相反会变得平和宽容。

女性比男性更愿意表露自己的弱点。在此问题上，"女性表达自己，男性压制自己"。

女性更容易成为情感性领导者，男性更容易成为工作性领导者。

男性喜欢肩并肩活动，女性喜欢面对面沟通。

男性更强调独立，女性更注重联系。

……

有心理学家说：男人女人并不是完全相反的两种性别，他们更像是一个人的两只手，相似却并不相同。当然，只有左右手互动起来、协作起来，才能完成更复杂的任务。

就像这世上的男人女人，彼此间，总在寻找能与自己合拍的那只左右手……

一段不痛不痒的情，没人珍惜。

一段又疼又痒的爱，没人肯放弃。

情，会让你"痒"，但最终还是会让你"疼"。

一个字说透情场事

不少媒体采访时会问道："如果用一个字来形容男女间的感情，您认为那会是什么字？"

思索再三，我还是会答："痒。"

……

痒，是男女间最特殊的感觉。

它不同于疼，不会让你撕心裂肺。但它更胜于疼。为了止痒，人不惜把自己抓挠到疼痛。

每个人都有过这样的感受：如果一只手疼，一只手痒，无一例外的，人一定会先选择去挠痒，而后才会想到去止疼。可见，痒比疼的痛苦，更迫切。

男女间的很多情事，就如同这"痒"。

怦然第一眼心动，是痒。

辗转无眠的惦念，是痒。

求之不得的欲望，是痒。

日久生腻的无聊，是痒。

……

一对男女，不光七年才痒。从第一眼起，就是"痒"的开始。

众生如此。

得不到，是没着没落，心痒痒。

得到了，是忽而寂寞，身痒痒。

所以才有那么多人，总在不断地在"得到"与"丢掉"之间做惯性运动，因为，他痒。

止痒，最终极的办法，永远是让自己感受到疼。

痒，是一种欲望。

疼，是一种教训。

常常，那些痒处，最后会被我们抓得见到鲜红的血，疼过之后，人会大喊"痛哉快哉"！

可见，欲望，不见得是快乐。为了干掉欲望，你不得不接受伤害。

看多了那些或疼或痒的事，最后明白了：人身上的伤疤，并不是每一处都是因为"疼"而留下的，更有那许多，是因为"痒"。

是啊。欲望，总要付出点疼痛的代价。

他是不是骗子，这不重要。重要的是，他愿意骗你多久。

女人都恨只肯骗她青春的男人。

女人最爱愿意骗她一生的男人。

男女间的恋爱"骗规则"

感情的世界里有这样一条铁的定律：

爱情，让男人变得多谎。而多谎，让男人诱惑到女人的心。

有爱情的地方，一定有谎言。不信，看看男人的心。

有谎言的地方，一定有爱情。不信，看看女人的心。

只是，这个世界里，满口谎言的男人很多，但不见得都算得上"骗子"，因为有些谎言，不是目的，仅仅只是手段。

谎言是男人恋爱的必要手段，原因很简单：女人吃这套。

一个不懂谎言战术的男人，谈不成感情。

男人心里都有这样的"恋爱骗规则"：先骗上手，再坦白事实。大不了坦白从宽抗拒从严。当然，一个已经钻进了恋爱圈套的女人，你想让她从容地走出来，那已经是不容易了。

男人爱上一个女人，会用尽各种手段，不会只追求"光明磊落"。当你被他骗上手，会恨他，但也是无奈的恨：因为，那骗中，总有点爱。

只是，一段"心中有骗"的恋爱，往往会过早地结束。

任何女人，在恋爱结束的那一刻，希望听到的，其实都不是实话，而是谎话：对方许一番海枯石烂但碍于现实无法实现的诺言，每个女人听在耳里，都会美在心里。如此的结局，即便怅惘，也算一种美丽。

可惜，女人总是高估了男人营造情绪的能力。一般而言，男人想跟一个女人分手，只会用最快的速度速战速决。

当一个男人心中没有了爱，他不再怕伤害。但即使一个女人心中没有了爱，她也希望能不受丁点儿伤害。

女人，不再爱一个男人，便会无所顾忌地骗他。

男人，不再爱一个女人，才真会做到不再骗她。

谎言和爱情，有时，就是这么水火不容。

忽冷忽热的男人，女人抓不住。

从不忽冷忽热的男人，女人爱不上。

威胁，让女人生畏，同时，也让她感受到略略的刺激。

男人天生是女人的威胁

一般的智力测试中，女生的得分普遍要比男生低。

原因是多方面的。

大家比较认同的一点是：智力测试题多是沿用数学类知识。男生在数学方面天生比女生有优势。

真的是这样吗？

有这样的研究：具有同等数学能力的男生女生聚在一起进行一场高难度的数学考试，结果，女生的成绩普遍比男生差。但研究者又发现，如果，在考试之前，女生受到了积极的心理引导，告诉她，她可以跟男生考得一样好，则女生的成绩又会有相应的提高。

女人，是最容易受刻板印象影响的动物。很多时候，她做不好，不是因为她没有能力做好，仅仅是因为，她认为身为女人，不可能做好。

女人比男人，更容易输给自己。

同时还有这样的规律：在没有男生参与的考试中，女生总会成绩更高。

可见：有男人在侧的女人，总是更像女人。

没男人在侧的女人，总是更能成功。

这从侧面反映出：男人天生对女人造成巨大的威胁感。

面对男人，女人生而是缺乏安全感的，当然，这是女人的"性弱势"原因。

但凡一个女人进入到恋爱，就时刻需要男人的肯定和鼓励。

如果，爱人不再天天把赞美挂在嘴边，女人会从心底，泛起很深很深的恐慌……

女人自认抓不住的男人，一定是对她忽冷忽热的男人。

女人总是自乱阵脚。

如果她能够战胜自己的心，那几乎可算是无敌了。

一个男人想要折磨女人，常常是：不"肯定"她。

一个女人要想战胜男人，前提是："肯定"自己。

有些女人的谈话，是为了宣泄情绪。

有些女人的谈话，是为了沟通情谊。

更多女人的谈话，是为了确立自己在他心中的地位。

两性间，同一句话背后的不同目的

心理学家德博拉·泰南认为：男人通过交谈来强调地位，女人通过交谈来建立联系。这是男人女人沟通风格的最明显差异。

相处中，女人发现：男友总爱给自己提建议，且爱给她定规矩，事事要他来主导。

男人发现：女友总爱反反复复谈论她自己，且反反复复强迫他认真倾听。

男人的交谈，相当于一种争取地位的手段，他总会一步进一步地提出要求，以获得自己在这段"关系"上的主动权。

女人的交谈，相当于一种人际谈判，在这个谈判过程中，女人最终希望获得对方的承诺。

男人常有大男子主义情结，很多人把这个直白地理解为"男尊女卑的男权思维在作怪"。实际上，男性天生更尊崇等级规范制度，但女人渴望平等无阶级的生活方式。

谈恋爱的过程中，男人总爱以主导者自居，总希望女人能够配合他的步伐。女人总纠结于男人的不肯"承诺"，听不够的是男人对未来的许愿。

万般纠结也无济于事，男人永远不可能达到女人理想中的标准。

皆因，男人的终极理想还是希望能保持独立性，但女人最爱的是建立联系和亲密性。

不论一开始，男人是怎样地死皮赖脸追求女人，到了最终，都换成了女人缠磨追赶问男人要一个结局。

很多女人说："只要让他得到，便不会再在意我了。"

其实，即便你不让他得到，一段时间后，他也不会再继续追赶下去了。

男人的恋爱，总比女人先一步开始。

女人的恋爱，永远比男人后一步结束。

追求，是男人女人天天在做在想的事情。

追求，是男人女人永远也玩不累的游戏。

"追求"背后有真相

面对男人的追求，女人说："我有老公。"

这是真的拒绝，虽然也暗含了那么点"恨不相逢未嫁时"的落寞。

面对女人的追求，男人说："我有老婆。"

不见得是真拒绝，也许仅仅只是说"恋爱可以，婚姻不行"。爱过之后请别多纠缠。

如果是为了引男人追得更狠一点，女人爱说"我们不合适呀"之类的托词。

男人会意会成"她对我没感觉"。既然人家对我没感觉，我何必对着她浪费感觉。

如果是为了引女人追得更紧一点，男人爱说"其实你真的是个好女孩"。

男人的一点小鼓励，会令女人更自信百倍地投入战斗。

如果只是想把他当备胎，女人爱说："我现在还不想谈恋爱。"

然后男人只好等，等到她想谈恋爱了的时候。

如果只是想把她当备胎，男人会什么也不说。

然后女人理所当然地认为自己已经把他追到手了，直到他的真命天女出现时。

如果追到半路不想追了，女人会对他说："虽然没缘分，但这依旧是我最美好的记忆。"

　　然后留下一个貌似风度翩翩的背影，虽然内心里她也少不了咬牙切齿骂"丢脸"！

　　如果追到半路不想追了，男人会干脆消失了事。

　　然后女人会突然间不习惯，电话短信狂轰滥炸去追问："你到底什么意思？！"

　　追一个女人，男人会为了性子而坚持下去。

　　追一个男人，女人会为了面子而坚持下去。

　　一个自己没有追到手的女人，男人觉得那是人生中一朵美妙的奇葩。

　　一个自己没有追到手的男人，女人觉得那是人生中一件不愿提及的羞事。

　　男人最爱的那个她，一定是那个差点得到、又始终没得到的女人。

　　女人最爱的那个他，一定是那个相爱过、但不曾互相拥有过的男人。

　　可见，想要长久地爱一个人，最好的方式是，放走他（她）的人。

　　　　　女人的左顾右盼，说明她对他没意思。

　　　　男人的左顾右盼，说明这是个如假包换的真男人。

不专心未必是他不专情

　　约会时，女人常常愤恨于男人的不专心。

　　"明明跟他说件挺重要的事，他却左顾右盼心不在焉。他口口声声说'爱我'，可我看他心里一点也没有我！"

　　谈恋爱，女人既是要谈心，更是要谈个专心。

只是，女人爱浪漫，男人都散漫。

相对于女人的含情脉脉，男人偏爱左顾右盼。

于是，这个不专心的男人，常常被女人踢出她的内心。女人总会全力以赴寻找下一个更专心的男人。虽然，常常失望中。

其实，男人的不专心是天性。

有调查发现：一男一女的交谈中，女人更习惯于直视、注视对方，但男人却总在环顾四周。

这是因为：女人的注意力，多集中于人。男人的注意力，多集中于物。注视对方，说明女人关注人与人之间的关系；环视四周，说明男人更关心整个世界的局势。

女人，你还别以为男人会为这份"不专心"而感心虚。实际上，男人的本性里，这代表着男子气度，是为了保护身边的一切亲人爱人，出发点更是为了给异性留下良好的印象。

男人女人的吵架，大致会是如此模板：

女人抱怨："你整天在外瞎忙，一点也不关心我，一点也不关心这个家！"

男人辩解："我忙还不是为了你和这个家？！"

女人大怒："狡辩！纯属狡辩！"

真是狡辩吗？

不见得。

女人觉得，遇上一个男人，能死心塌地地爱她疼她，幸福。

男人觉得，遇上一个女人，却只能跟她穷浪漫，废物。

男人，确实比女人更爱说"大话"，但不见得，这所有说出口的"大话"都是男人的"违心话"。

谁让男人眼里有整个世界，女人眼里却只有对面这个男人。

不要一天 24 小时地盯着他不放。然后你就能发现：他忽然变得出色了许多……

没完没了照镜子的女人，不适合娶回家里做太太。

因为，一个不甘寂寞的女人，注定了，人生不寂寞。

一个动作看透女人心底的不甘寂寞

女人喜欢照镜子，在家里没完没了地照镜子。化妆时，不化妆时。

男人其实也喜欢照镜子，不过男人很少在家里照镜子。

有这样的实验，街道上放置一面镜子，用来观察过往的男人女人的举动。

实验发现，在镜子前停下来观察自己仪容的男人远远多于女人。

有些心理学家因此说，这证明"男人其实比女人更自恋"。

说句玩笑话，对某些男人而言，也许是家里的镜子整日整日被女人在占用，他们只能到外面去照。

照镜子，说明了人对自我形象的关注。

一个极为关注自我形象的人，都是些自我的人。

爱照镜子的人，永远是不甘寂寞的人。

一个女人，在家里反反复复地照镜子，说明她希望能更多地获得身边这个男人的爱慕。

一个男人，只有出得门去才想起照镜子，说明在出门的那一刻，他有了博得他人关注的念头。

生活中，总有些女孩子，包里总是必备一面镜子。不论人前人后，随时随地拿出来检阅自己。

千万别、千万别。

一个喜欢在人前照镜子的女人，给人的感觉永远是不踏实的。

不熟悉的人面前，当你摆出一面镜子，就等于说给对方心中的信任做了一次减分。

而一个随随便便掏出镜子的女人，男人对她的心态往往也带有几分随随便便。虽然谁都说不清楚缘由，但一个女人，在异性面前掏出一面镜子，那就如同一种邀约：邀约他的关注。

很多女人，有时稀里糊涂地被异性拒绝，说不清缘由。大概，那是个不重细节的女人。

一个重细节的女人，不会只重视脸上的妆容，更会懂得，掌握检查形象细节的时机。

每个女人的包里都包容万物。但女人包包里的那面镜子，不要轻易掏出来。

> 女人一眼就能看懂男人脸上的爱恨。
> 男人一眼却只看到女人脸上的美丑。

为何他看不懂你的脸

时常听一些女孩说起身边那些无聊男。

"明明我们都不待见他，可他还总把自己当情圣！明明身边的女人已经对他呕到了极点，可他还整天毫不自知地费力表演！无奈啊无奈啊！"

似乎，每个女人身边，总能找出一两个这样的人：自以为是，狂妄自大，觉得全天下的异性都对他有意思，丝毫看不出别人眼中的轻视。

这样的类型，以男人居多。

从心理属性看，男人比女人，更难读懂对方脸上的真相。

男性对女性的轻视，明眼人一眼就能看穿。

但女性对男性的轻视或女性之间的轻视，即便明眼人也难看得明白。

女人，更善于把自己藏得更深。

就像寻常百姓的话："女人若是铁了心走邪路，要比男人坏得多。"

虽然，人人都会给自己找一副适合的面具，但显然，女人为自己找到的这副面具，比男人更具有隐蔽性。

想要看懂一个女人的心，其实很难。

生活中的情侣们，男人常常要被女人逼到疯。

"我实在不明白她到底要什么！问她，她不肯说，只让我去猜！我猜不出，她就大发雷霆。有什么事情说出来不就完事了么？！"

所以，那些女孩子们，当你抱怨："他一点都不懂我，一点都看不出我的所求所需。如果他意识不到我的情绪变化，那他一定是不关心我。因为我认为，爱人之间，有些话根本不必说出口。"

呵。可别这么说。

别忘了，你是女人，他是男人。

男人女人要相处，必然要沟通。

但男人女人的心里，对"沟通"却有不同的定义。

男人女人分别需要怎样的沟通

有位男孩说："女朋友老抱怨我不陪她沟通，可事实上，我每天都在跟她聊天！"

我问："大概，你跟她聊的，只是工作和足球之类吧！？"

女人需要跟男人沟通，但对于"沟通"的定义，女人心里有严格的限制：她感兴趣的东西，那算沟通；她不感兴趣的方面，那只算是被迫倾听。

当然，所有女人最感兴趣的东西，永远是一个男人对她没完没了地"谈爱"。

永远是这样的道理。

获得女人的爱情，男人需要不断示爱。

获得男人的爱情，女人需要不断示弱。

对女人而言，除了"爱"，男人说其他任何话都多余。

对男人而言，女人的"崇拜"，总能够博得他的爱心。

皆是因为，男人女人，对于爱的定义和要求不同。

记住这两句话：

男人想要的沟通，在世界之外。

女人想要的沟通，在人心之内。

所以，男人的谈心，是谈抱负心。

女人的谈心，是真的谈心。

女人明白没?

当男友对你说"缺乏沟通",你该跟他谈谈未来十年的发展计划。

男人明白没?

当女友对你说"缺乏沟通",你该跟她聊聊未来十年的婚姻计划。

男人的沟通,目的是给自己来一场激励战。

女人的沟通,目的是向男人要一粒"定心丸"。

他要的是雄心。她要的是安心。

　　　吵架后,不论谁对谁错,男人都应先向她道歉。

　　　女人想要的其实并不多,仅仅只一项——"爱"。

吵架过后,最好的善后

恋爱中,谁都干过的一件事,除了亲吻,就是吵架。

不少男男女女玩笑道:"小吵怡情,大吵伤身。爱情中的滋味,就是不吵不热闹!"

关于吵架,各人尝到各人的滋味。

但吵架过后,所有男人女人最纠结的一点则是——道歉。

永远永远。

每一场战争结束后,不论是不是自己的错,女人都希望男人能先说"抱歉"。

每一场战争结束后,不论是不是自己的错,男人都不太情愿说"抱歉"。

虽然，有些女人很执著，纠结多日，强硬要来了男人的"对不起"。但她发现，其实两个人心里似乎更加不痛快：对迟来的道歉，她不满意；对没躲过的道歉，他不甘心。

一个不肯道歉的男人，会让女人慢慢绝望。

一个总逼着男人道歉的女人，男人会慢慢对她烦透。

男人，把"道歉"视作一种缺点。越是性格刚毅的男人，每说一次"对不起"，都会损伤一点他对这个女人的爱。

但女人不同。

女人，比男人更加重视道歉。这跟"恋爱地位"没太多关系，女人眼中的道歉，其实是一种情感上的理解。

她们总是认为，否定自己，不意味认同对方，却代表关怀对方。

所以，才有那么多的女人，为了一句"道歉"跟男友闹到地覆天翻。

面对男人的道歉，女人常常落泪，落泪的那一瞬间，她心中不是感动，而是低吟："你哪里懂得我的心呀……"

男人的一句"对不起"，挽回的不是女人的面子，更是女人的同知之感。

当一个女人说"抱歉"，不见得说明她在内心里有多深的愧疚。这代表女人的一种姿态：从这句"抱歉"开始，我准备站入你的阵营。

当一个女人要求你说"抱歉"，聪明的话，你赶紧照办。真的，她不是要跟你一较高低，她是希望你能走进她的心……

　　　　发脾气发到最后，男人是希望世界能安静下来。

　　　　发脾气发到最后，女人是希望世界能热闹起来。

心情不好时，他和她分别渴望什么？

再温顺的男人女人，也免不了发脾气的时候。

小薇跟男友吵架。理由是：

第一次我跟他说："我心情不好。"

结果他说："那好，你自己静一静。我不打扰。"

第二次我跟他说："我心情非常不好。"

结果他又说："那好，你再自己静一静。我不打扰。"

第三次我跟他说："我心情真的真的非常不好。"

结果他还说："那好，你还自己静一静。我不打扰。"

于是，小薇说："我忍无可忍，赶他出门！"

　小薇的男友跟小薇闹气。理由是：

第一次我跟她说："我心情不好。"

结果她说："没关系，我陪你。有什么烦恼告诉我。"

第二次我跟她说："我心情非常不好。"

结果她又说："没关系，我还会陪你。有什么烦恼告诉我。"

第三次我跟她说："我心情真的真的非常不好。"

结果她还说："没关系，我会一直陪你。有什么烦恼全都告诉我。"

于是，小薇的男友说："我忍无可忍，只好对她发作！"

小薇和小薇的男友，对待坏心情，永远是两种截然不同的期望。

小薇屡屡向男友说"烦"，目的是为了让他哄让他陪。

小薇的男友屡屡向她说"烦",目的是想请她暂时性离开。

　女人心情不好,就是为了让男人看到。

男人心情不好,是真的不想看到女人。

　　　　　猎物爱上猎人,真是世间最悲哀的事。

　　　　注定了,前者要被后者残伤到鲜血淋漓……

"爱的质感"="女人的肉感"?

现代女人的眼里,柏拉图是个浪漫得一塌糊涂的情圣。

现代男人的眼里,柏拉图只是个没泡到妞还嘴硬的情剩。

关于"柏拉图",男人女人的理解是截然相反的。

女人比男人更追求爱的美感,而美这种东西,要离得稍远一些才效果明显。

男人比女人更追求爱的质感,而这种"爱的质感",往往等于"女人的肉感"。

有些男人,对女人很挑剔。理论上讲,一个男人对"性"存在极强的挑剔心理,对于性伴的要求极高,这是自恋型人格的象征。同时,这样的男人追求生活品位,在心态上,永远会把自己放在最轴心的位置。他需要一个能给他宽松愉悦感的生活伴侣。实际上他们有"懒"的一方面,懒得为婚姻付出太大的努力。

当然,大多数男人不是这类型。大多数男人还是愿意能多多占点女人便宜。于是,这世界上满是初次见面便提"上床"的男人。

但通常，一个男人，若认定一个女人是结婚对象，前几次见面都不太敢随便造次。

只要一个男人敢肆无忌惮地提"上床"，只不过是希望先上上试试。如果感觉不错，可以继续保持。如果长时间感觉不错，那回过头来再谈论更稳定的关系。

现如今的很多恋爱，都是从"床"开始的。有些男女，一开始，并不见得因爱而恋，仅仅是因性而恋。恋着恋着，因为女方要追究一个结果一个保证，所以男方不得不给她一个婚姻的承诺。但可以肯定的是，这类型的婚姻模式，日后出问题的几率会更大。

一个男人，身体相比于内心，会更容易感到厌倦。

女人们，如果一个男人，不先跟你说"爱"，而先跟你说"性"，你最好先跟他保持一段距离。因为这一步迈出去，谁也保证不了你能收获你想要的东西。

女人一生最大的遗憾，莫过于付出了最珍贵的东西，却没能换回心头爱。

恋爱中，身体确实是女人的资本。

这就要求，女人，你不可没搞清状况地胡乱投资！

美丽，确实是女人的资本。

所以美女的婚价总是太高。就是希望通过这项资本，换个好价钱。

男人女人心底最真实的"初夜原因"

性，在中国人心目中，是个想得说不得的词。

对待一样的性，男人女人，又总有点不一样的心思。

对大多数女人而言，初次性行为的原因是——爱。

对大多数男人而言，初次性行为的原因都不是——爱。

女人都以关系方式对待性，男人常以娱乐方式对待性。

发生了非"关系内"的性，她会自责会自悔。

而只发生"关系内"的性，他会觉得生活总是少了那么点乐趣。

女人把男人的友好当作爱的预兆。

男人把女人的友好当作性的诱惑。

所以，女人们要注意，当你对一个男人春风和煦，你要意识到：是否，给了他些不恰当的错觉？

由着男人女人对待"性"的不同态度，继续深化下去，会发现：这一切，都是由男人女人最终极的心理属性决定的。

男人爱美女，女人爱财男。

不是势利，是天性。

不少研究者针对征婚广告做过统计调查，发现：女性普遍会更注重对自己的外貌描述，对男人的要求会更倾向于财富地位。男性则恰恰相反。会注重对自己财富地位的描述，对女人的要求更倾向于种种外貌特质。

　　男人都喜欢更年轻更美貌的女人。不是说这是个"色鬼"，这代表了男人的一种潜意识：每个男人都下意识地想去寻求健康的、基因出色的、可以生育更优秀的下一代的伴侣。

　　女人都喜欢成熟稳重、地位财富兼具的男人。不是这个女人嫌贫爱富，潜意识中，这代表女人想去寻求物质和心理上的满足感，可以让自己更有保障地去生活。

　　外貌，是性最重要的载体。

　　女人会把外貌当成是自身最重要的资本，故而，付出这项资本前，会加倍地斟酌和谨慎。

　　男人只是把外貌当成自身竞争力的附属品之一，故而，对待它的态度，也就仅此而已。

　　性，是一粒埋在人心底最深处的种子，随着年龄的增长，它会慢慢地发芽……

　　想让它成长得健康，作为主人，你得学会修炼一颗"有阳光的心"。

　　　　　男人女人之间，从不需要真正的"了解"。

　　他们只需要去了解世界，然后把各自的阅历结合到一起。

　　　　　　　这就是真正完满的伴侣。

了解了男人 ≠ 了解了世界

　　曾几何时，女人间流行起"用恋爱去认识世界"的说法。

　　曾经，女人觉得：爱上一个男人，就是想要走入他的世界。

如今，女人认为：爱上一个男人，还得要他带自己走遍全世界。

曾经，女人的爱，带有归属性。

如今，女人的爱，带有游历性。

男人生而清楚，须在一年年的岁月中，学会隐藏起稚嫩的锋芒。

女人生而迷茫，要在一天天的生活中，学会应对世界的本领。

但是，了解世界，不要靠恋爱。恋爱告诉你的"世界"，常常是世界的假象。

女人，可以通过身边的男性朋友来了解男人。

他们能为你呈现更坦白的男人本性。

女人，更可以通过身边的女性朋友来了解自己。

她们能告诉你更多你自己不愿正视和承认的女人秘密。

这一切，仅仅通过恋爱，你是无法真正获得的。

通过恋爱，你可以认识"人生"。但仅仅通过恋爱，你仍旧认识不清男人。

人生是缺憾。但男人，仅仅是缺憾中的一部分。

通过恋爱，你可以结识"爱情"。但仅仅通过恋爱，你未必学得会"爱"。

爱中包含爱情。但爱情，仅仅是爱中间的一部分。

女人，更需要多交朋友。男性朋友。女性朋友。

朋友，是女人了解世界的窗口。

向来不鼓励那些把自己藏在家里的女人。

社交能力的退化，就代表着身价的贬损。

想了解世界的女人，首先要清楚地明白：世界是什么？

当然，仅仅一个男人，不是女人的世界。

女人征服男人，只需一瞬。

女人改变男人，却要一世。

最令女人胆寒的恋爱风险

看了《青蛙王子》，知道了：公主吻了青蛙，青蛙变成了王子。

看了《青蛙公主》，知道了：公主吻了青蛙，公主变成了青蛙。

爱上一个糟糕的男人。

女人常常想：改变他，一定要改变他！

但最可能出现的事实却是：被他改变，被迫接受一段糟糕的生活。

跟一个人，开始一段恋爱，不要信誓旦旦地以为：你终将会改变他。

也该时刻做好准备：被他改变。

一个容易被男人改变的女人，所有问题的归结点都在于：她心软。

她不是不想改变环境，只是，她不想给他带来不快乐。

又想让他优哉快乐，又想改变实际现状。

恋爱中，哪有如斯美事？

但凡能够如愿以偿让"青蛙变王子"的女人，都是些有招数有手段有干劲的猛女。否则，她会被青蛙拖进泥塘。

如果你只是弱质纤纤一女流，心软外加多愁，请不要试图把张飞李逵变成贾宝玉。

女人，征服男人容易。

男人，改变女人容易。

女人，常常成为战术上的优胜者，男人，却总是最终的战略赢家。

恋爱，永远有风险。

恋爱中，女人最怕的风险是：恋爱，不朝着她想象的方向发展。

越是想征服和改变男人的女人，越能体会出恋爱和心愿的不合轨。

征服男人容易，改变男人好难。

屡屡，事业上试不成功。

大概，因为我是女人吧。

社会的认识中，似乎女人天生是职场上的"二类分子"。是要归属于男性领导之下的。即便偶有女强人的出现，那也是她们付出了比同等位置的男人双倍以上的努力而换来的。

母亲就常常时说说："女孩子嫁人最重要，好老公强过好工作。事业上，拼了命也不见得能换回你满意的结局。"

可母亲那代人怎么能够懂得这个社会的现实：女人若没有更优秀的条件，如何能抓住更优秀的对象？！

作为一个女人，我也想成功。可我真的不懂自己身上蕴合的优势力量。

苏芩，我想知道，一个想要获得成功的女孩，如何去摆平这一切的难题呢？

——优优

确实，你还不了解作为一个女人，自己身上最大的优势。

女人从来不是弱势群体。

女人的"弱势"仅仅来源于：拿着自己的劣势去比较男性的优势。

如此一来，原本一条直线的成功路，就变了波波折折的坎坷路。

成功虽然没有捷径，但女人要想成功，也是可以用"巧劲"的。学会那些能让你事半功倍的"成功巧力"，要先去认识自身的优势力量。

——苏芩

第2章

用性别优势去成功——女人，就是天生的优势

女人，就是天生的优势。

如果你不明白这一点，那等于枉做了女人。

先来看看女人的性别优势。

女人的直觉性强于男人。因而"第一感觉"能更多地去帮助女人。

女人对非语言线索的敏感性更强。女人察言观色的能力胜过男人。

女人在物体及位置上的记忆力优于男性。

女人天生具有更强的表演欲望。因为女人更善于去讨好对方。

女人更爱做"白日梦"。而"白日梦"是对现实焦虑的一种有效缓解。

女人比男人的抗压性更强。因为比之于男人，女人的负面情绪发泄途径更多源。

女人比男人更有耐性。这可以更多地弥补女人在爆发力上的不足。

女人比男人的表达能力更强，且表达方式更加有趣。因而女人的话比男人的话更有吸引力。

女人比男人更擅长收集信息。因而每个女人都是一个信息源。

女人作决定的速度要比男性快。实际上女人比男人果决。

女人天生比男人更容易在人际交往中获得良好印象。社会对"女人"的印象，更加积极。

女人更喜欢身体接触，所以女人之间总爱拉手牵背。而触摸是最有效的人际方式。

女人没有男人那么爱插话，因而是个更好的谈伴。因为女人的权力欲和支配欲没有男人强。

女人的日常会话中，平均每天使用 7000 个词、5 种语调。而男人只使用 2000 个词、3 种语调。

女人比男人在同样时间内，语言的输出量要多。

女孩开口说话比男孩早，且男孩比女孩更容易口吃。

女人比男人更擅长拼写。更能记住词语和物体的位置。

……

除此之外，可以对比来看看，上天赋予男人女人的不同性别优势特质。

男性比女性优越的方面：空间和时间的知觉，数学，绘画，政治活动，重量感觉，职业感觉，权力欲望，勇气，机智，思虑。

女性比男性优越的方面：味觉，听觉，嗅觉，色彩感觉，想象力，语言能力，手工能力，博爱主义，礼貌，勤勉，规律，谦虚，情绪性。

尤其，视觉、听觉、嗅觉、味觉、触觉，五大感觉官能，女性都强于男性。

莎士比亚曾说：女人，你的名字是弱者。

我想，那时的他，一定还没了解过真正的科学。

有些男人天生不讨女人喜欢。

着急跺脚也没用，谁让你没生就一张"桃花脸"。

为何女人更容易给人留有好印象？

"什么相貌的男人最可靠？"

针对女性群体，心理学家做过这样的调查。

研究发现，这些女性受访者认为具备下列面部特征的男士更为"诚信可信"：圆脸、大而圆的眼睛、淡眉、窄鼻、小鼻孔、大嘴、薄唇、下巴线条柔和、面部汗毛稀少、肤色偏亮。

同时，受访者认为具备下列面部特征的男士相对"阴险奸猾"：方脸、深凹的小眼睛、浓眉、宽鼻、大鼻孔、小嘴、厚唇、下巴线刚毅、面部汗毛浓重、肤色铁青。

……

最终，心理学家得出这样一个结论：偏女性化相貌的男性，更容易获得女性的好感。

这让人想到了现在流行的一个词——伪娘。

提起这个词，谁都不陌生，它专指那些阴柔男性。

很多人总以为，娘气男人，是近几年的流行。其实不然，在整个历史的进程中，但凡那些名留史册的美男子，大多都长了一张女儿脸。

最著名的当数美男潘安。在西晋时，人称"河阳一枝花"。"多才夸李白，美貌说潘安"，此人是名垂千古的"花见羞"。

最传奇的美男是兰陵王高长恭。传说，兰陵王带兵打仗时都用丑陋的面具遮脸，因为长得阴柔，美貌无双，担心会镇不住军心。于是，面具一摘，貌惊世人！

古代小说里，关于美男的描写也从来不少。

《水浒传》里的燕青，堪称梁山第一美男。书中对他的描写是"唇若涂朱，眼似点漆，面似堆琼"。唇红面白一双黑眼珠，极女性化的长相。

《红楼梦》里的贾宝玉，在大观园无数美女之中，更是号称"绛洞花王"——百花之王。书里写他的面貌："面如中秋之月"——白；"色如春晓之花"——粉；"面如桃花，目若秋波"——艳。

……

可以这样总结：在历史的进程中，阳刚型的胡须男其实才是大众审美的小插曲；略带阴柔性的美玉男才是永恒不变的主旋律。

这不是审美变态。

而是，从心理角度看，略带女性化的男人脸，更容易得到人们的好感。

可能很多人没有意识到：从心态上看，大众对于"女性"的感觉要比对"男性"的感觉更为积极、更易于接受。

一提起女人，立马使人感受到一团类似粉红色的思维氛围；但一提起男人，人们则容易体会到灰黑般的冷硬感。

不论是谁，都渴望更柔和的生活方式。而一般人的感觉里，女人比男人更带有柔暖感。女性自身的很多特质，比如细腻，温情，母性，敏锐，和平……都能带给人更舒适的感觉。

因为女人比男人更加需要社会的赞许。所以，女人也比男人，更倾向于采取一种积极姿态去生活。

娘气男重又开始流行，不是偶然，而是必然。这代表着，人们更加注重追求那种温和的氛围。

遗憾的是，现如今，女人中则流行"中性美"。女人都开始追求阳刚质感，这是女人自己放弃了自己天生的优势。

生活中，如果你不是致力于参加另类偶像选拔赛，那么，做个像女人的女人，比做个像男人的女人，更容易获得你想要的认同。

不太踏实的男人，最招女人爱。

不太踏实的女人，最招女人恨。

共情和共鸣，女人赢得人心的法宝

心理学上有个名词，叫"共情"。

指的是，随着他人的喜怒哀乐，你会一同或喜或悲。

比如看影视剧，看到主人公的快乐，你会随着他一起笑；看到主人公的悲伤，你会跟着他默默流泪。

与男人比起来，女人更容易产生和表达共情。

历来，女人的这种"共情特性"得不到男人的认可："太容易受到影响了！这么情绪化的女人，怎么可能办成大事！"

男人还真别这么说。往往，那些能办成大事的女人，往往，都有一颗软得一塌糊涂的心。

那是她们掌握了赢得他人好感的诀窍：共情，也就是一种共鸣。

初识时，女人与女人之间总会互相有些防备心和攀比心。

但也许，一趟街逛下来，一场电影看下来，所有的防备都烟消云散。

　　只要能找到一个感情上的契合点，女人比男人，更容易全心去接纳对方。

　　每个人的信赖和支持，都有条件。

　　这条件是，对方能赢得自己的共鸣。

　　没有人愿意跟否定自己的人谈情谈事情。而对一个能进入自己气场、并能与之合轨的人，他比较容易做出第一步的肯定。

　　八卦周刊里，时常连篇累牍地报道女星讨好婆婆的妙招："其实也没什么特别的啦，就是陪婆婆看电视剧，陪她一起逛街买菜。"

　　听起来确实没什么特别。但这些简单的日常生活，却是攻开女人心堡的秘招。

　　男人讨好女人，需用意想不到的绝招。

　　女人若想讨好女人，只需用人人看得见摸得着的俗招。

　　异性间的吸引，靠的是新鲜感；同性间的和睦，靠的是共鸣感。

　　女人希望从男人身上，时常能获得跳跃因子。

　　女人希望从女人身上，永远获得更多的稳定因子。

　　所以：

　　一个让她捉摸不定的男人，她会更加爱他。

　　但一个让她捉摸不定的女人，她会干脆不理她。

　　想让一个男人喜欢你，你要学得跟他们不一样。这是异性间的吸引力法则。

　　想让一个女人喜欢你，你要变得跟她一样。这是同性间的交往秘诀。

　　在科学上，自闭症多发于男性群体。而自闭症本身就是一种缺乏共情能力的障碍。

　　而一个女人，可以随着电视剧里的桥段嬉笑哭泣成一团。

作为旁观的人，别皱眉头。这不恰恰代表，这个女人，有一颗敢向世界敞开的心吗？

情绪化的女人，让众人躲开。

有情绪的女人，让众人聚来。

女人是最佳说服者

话，谁都会说。

但男人和女人同样的一番话，却总有不同样的效果。

大致看来：

一个男人的一番话，平均只能影响到三个或三个以下的人。

一个女人的一番话，往往可以影响到五个甚至五个以上的人。

足可见：

男人说话，是简单的表情达意。

女人说话，是场盛装的演出。

女人比男人更有表演欲，也更具表演特长。女人的说话过程，是个丰富的烹饪过程。可以添油，可以加醋，向一个女人、一个热情的女人去咨询一件事情，她一定会用最高昂的热情告诉你她对这件事情目前所能够收集到的所有资料。她的看法，她朋友的看法，她亲戚的看法，她所能认识的一切人的看法……总之，每个女人总能让倾听者感受到"信息空前爆炸"！

也许听在耳朵里，对方一时间会觉得女人的唠叨让人烦。实际上，在潜移默化的过程中，这些"信息"是对你的判断力产生了作用的。

古往今来，帝王明君也架不住枕边风。因为，女人的口风，决定男人的作风。

同时，女人总是善于制造画面感的，她会尽力地为你描述一幅幅的场景画。

别认为这是女人在做无用功。实话告诉你，在你听她描述场景的同时，脑袋里其实已经随着那画面在思维了。她无意间所营造出的那种代入感，已经影响了你。

女人天生感性，感性的人总是更擅长表现和捕捉细微的情绪变化。而情绪感染力的强弱，往往最终决定女人说服力的高低。

你看生活中，夫妻吵架时，女人哭了，那么，她所有的错都不再是错了。

男人即便长了一百张口，也不要辩，不必辩。

女人的一滴泪，顶他一百张嘴。

女人不要情绪化，但做女人需要有"情绪"。

善用表演力的女人，总能赢得更多。

女人总有些"小敏感"。

常常，这些"小敏感"，能派上大用场。

女人的直觉决定女人的成功机会

常常，我们看到一个女人对一个男人说："那个人不好，不适合深交。"

男人问:"为什么?"

女人答:"不为什么。只是直觉。"

男人嗤之以鼻:"神经过敏!"

……

是的,男人常常是把敏感当成是"负面信息",甚至,女人也会觉得自己的敏感是"小心眼"。

女人的直觉能力,常常是被忽视乃至轻视的。

如果告诉你:"敏感是女人天生的优势,相信直觉的女人天生是读心女巫。"

作为女人,你信吗?

每个人甫降生时,所具备的各项心理功能相差不大。随着一年年的成长,在同等的社会环境下,男人女人的这种能力,却有了不同的走向。

因为,社会对男人女人的要求,向来是不同的。

社会要求男人强且更强,却要求女人以稍弱的姿态来配合男人的强。

所以,男人习惯了冲锋陷阵的先锋姿态,女人却能够坚守后方、观察前方动态。

因为更擅长观察,女人的直觉更强更准。

虽然有些男人不屑于女人的直觉这东西,但也不得不承认:女人,在看人这方面,眼头很毒。

直觉是一种心理捷径。

在进化史上,直觉判断的速度,增加了人类生存的机会。

一个人的直觉精准，说明潜意识中，他对这件事情是下了工夫的。

男性的注意力多集中于物，女性的注意力多集中于人。

所以，男人做事是长项，女人识人是优势。

面对一个人，女人内心对其信息的捕捉相对单纯：就是一个人，一个举手投足间传达着各种微波信息的人。

女人生就这种天然属性：渴望获得更多人的认同感和爱。

自然，女人更专注于对人的解读。

谁让在每个女人的潜意识中，征服不同的人，就等于征服不同领域的世界。

男人用征服世界的成绩来吸引女人。

女人用征服男人的魅力来行走世界。

故而，对人的直觉，对人性的了解，男人，永远没有女人精准深刻。

女人，是天生的直觉女神。

除了人，恐怕没什么能真正引起女人的兴趣了。

女人从不直白地剖露自己。

恰恰，这就是她们独有的交际手腕。

女人为何比男人更擅长社交？

一直以来，大多数人对于女性间的友谊，是抱有悲观态度的。

"女人天生是对手。"

"女人天生是同行。"

"女人天生是情敌。"

总之，似乎两个女人站到一起，外人首先看到的是她们之间的竞争性。

事实是否如此呢？

恰恰相反。即便是同行业的竞争者，女人之间，也总能比男人之间，维系出更融洽的社交关系。

虽然总说"男人间的友谊可以天长地久，女人间的友谊只能因时而异"，但从交际方面来看，每个女人天生都是社交高手。

所谓修养，其实就是学会一种得宜的"虚伪"。

想说的话，要看是不是该说的。

想做的事，要看是不是该做的。

女人比男人更计较后果，自然，也比男人多了一份有修养的手腕。

女人的本性，都带有三分虚伪。

让一个女人直白地向对方表达真实想法，这是很困难的事情。因为，女人的第一天性，是隐藏自己。这是自我保护的心态，是弱势动物应对复杂社会的本能反应。

于是，对那些常常行走在暗处的女人来说，明地里的男人，总不是她的对手。

只是，虚伪，也是因为我们不够强大。

很多时候，无所畏惧，不是因为勇敢，只是因为年轻。

一个真实的人，不见得是率性，也许是因为，他不害怕。

女人永远没有男人那么真实。谁让女人眼里，这世界有更多可怕之事。

当然，生活在这个世界上，有事情能让你怕，是好事。那代表你长大了，处世的步调会更沉稳了。

社交，就是社交。

社交中，攀的是交情。虽然，交情，并不等同于友情。

但凭借着一张笑脸和得宜的礼貌，女人，只要她愿意，总能慢慢培养起想要的交情。

女人在社交中，总是会比男人表现出更多的礼貌和耐心。

这是种讨人喜欢的素质。

一个肯稍稍压低姿态的人，总能赢得对方更多的好感。

结婚后，女人普遍都想做"管家"。

男人问："凭什么我就得被你管？"

嗯。这是个问题。

要知道，女人做管家，比男人做管家，更利于家庭的民主和睦。

发掘女人天生的"领导优势"

几乎任何一家企业或社会机构中，男性领导人的数量总是要超过女性领导人。

由此，不少人会说："这很正常，男人天生比女人更适合担任领导重任！"

真的是这样吗？

答案是否定的。

美国有这样一个调查：收集一些剪报资料，其中涉及众多男性

CEO 和女性 CEO，然后让 323 名研究生和本科生阅读并评价这些 CEO 的能力和人际关系特征。

　　研究人员发现，学生们对那些女性 CEO 的评价整体高于对男性 CEO 的评价。

　　除此之外，针对"企业领导者的性别差异"问题，国内某杂志也进行过问卷调查。该问卷包括了与企业管理有关的"19 项能力／素质"，满分为 7 分。

　　对于女性企业家而言，她们让男性同行最佩服的地方就是她们的"敬业精神"，平均得分为 5.714 分。而排在第二和第三位的分别是"诚信度"以及"公关能力"，得分分别为 5.429 分和 5.389 分。

　　而对于男企业家，女性同行们认为他们身上最优秀的素质就是他们的"竞争能力"，并为其打出了 5.886 的高分。其次就是"远见与洞察力"和"敬业精神"，得分分别为 5.706 分和 5.629 分。

　　其实一直以来，关于男性女性的领导优势的争论都没有停止过。诸多研究的一致结论认为：女性比男性更加具备变革型领导的特点。

　　首先，我们先来看看什么是变革型领导特点。

　　具有领袖魅力。会为下属提供愿景，灌输荣誉感，同时赢得他们的尊重和信任。

　　具有感染力。对下属传达高期望，用各种方式激发大家的努力。

　　智慧刺激。懂得激发下属智力、理性和深入细致地解决问题。

　　个性化关怀。关注员工的个性特点，会根据不同人的不同特点，给予具有不同针对性的建议。

　　……

　　不难看出，这一切，都源自女人本身的女性化色彩，心细、柔软、善于思考和沟通，能用女性的敏感去触摸对方的心。所以，不少女性领导，在同事和下属的评价中，明显都比她们的男性竞争者具有更高人气。

可以这样说，女性比男性更加热爱民主。男性领导往往喜欢强调权威性，遇上了反对意见，他更倾向于让对方服从。

不可否认，当从事某些特定的、需要严格强调纪律性和服从性的职业时，男性领导可以发挥更好的管理作用。

但女性领导更具有包容和伸展性。她们遇上了反对意见，会更容易倾听对方的心声。自然地，女性的领导策略，往往比男性要更灵活和得人心，更容易让下属的工作有归属感。

自此，关于"男人比女人更加适合做领导者"的声音真该偃旗息鼓了。

女人，才真正是与生俱来具有天然的领导才能。

作为女人，如果你想在事业上有所建树，细想想这些天生随你而来的优势领导魅力吧！

男人会用千金博美人一笑。

女人会用一笑博世人垂青。

聪明的女人，会用微笑让世界低头

女人总比男人更喜欢笑。

于是，女人的笑，常常能带给男人始料不及的结局。

褒姒不发一笑，幽王烽火戏诸侯。

玉环一笑倾城，扫平六宫对手。

抛开这些威力等同于原子弹的笑不谈，这里说说，生活中，男人女人不同的笑意。

笑，是男人的一种情绪表达方式。

笑，是女人的一种生活沟通方式。

男人的笑，多是因为目睹了值得笑的事。

但女人的笑，却有多重含义。

肯定一件事时，女人会笑。这是肯定的笑，让人感受到鼓舞。

否定一件事时，女人也会笑。这是否定的笑，让人避免尴尬。

不知该肯定还是该否定一件事时，女人仍然会笑。这是不轻举妄动的笑，暂时保持中立。

微笑是女人的一种特殊语言，是女人缓和突发性难题的一种手段。

因为女人总是在笑，于是世界对她们少了些严苛。

强干的女人，会用她的辩才让对手服输。

聪明的女人，会用微笑让世界低头。

不是对手太傻。

是因为，一个微笑，看在对方眼里，是一级台阶，是尊重。

你的尊重，对方总会买账。

其实，男人不爱冷美人。即便不小心爱上了冷美人，也千万百计想把她变成笑美人。若不是为了想看褒姒一笑，周幽王不至于跟老下属们玩"狼来了"的游戏，而亡了国送了命。

很多女孩，总是发愁自己得不到心仪对象的眷顾。

我问："你懂得对他微笑么？"

一个女人，若想引人好评和得到爱，便不能给人以距离感。而融化距离感的最佳方式，是微笑。

想让对方爱上你，首先，用微笑，破冰他内心的距离吧。

会笑的女人，男人才会爱。

女人从来不会真输。

因为女人从来不标榜自己是无敌强者。

大哭大笑，让女人多了一条跟压力讲和的途径。

压力为何总是绕行"女人"

很多人都知道：女人的寿命总体上比男人长五岁。

很多人觉得这是上帝赋予不同物种的不同属性。

其实这不是物理属性，而是心理属性。

女人的抗压性是强过男人的。

很多人可能不信：遇到问题，那些总是哭得稀里哗啦的不都是女人么？

这里，眼泪不代表女人的抗压性低。眼泪是女人缓解压力的一种方式。

遇到压力，男人会把自己埋进办公室，死扛硬扛。

遇到压力，女人会哭会喊会怨天尤人。

女人愿意承认自己的软弱，自然，也会得到世界更多的关慰。因为宣泄压力的途径更多，压力想要伤害女人，便越发地难。

当然，女人的抗压性也是分阶段的。

婚前，女人所感受到的生活压力相对较小，且把"婚嫁"摆在人生第一位，执著于嫁人这回事，所以相对而言，生活责任较小，对待工作会有散漫心态。抗压性普遍较差。

婚后，随着年龄的增长、经济压力的随之而来，在种种人生负担纷纷降临的情况下，女人的耐压性会逐渐提高。

但总体来讲，女人对于伤痛的自愈性要比男人强。

那是因为，相对于男人，女人所感受到的压力其实更繁复。

女人天生也是喜欢给自己制造压力的动物。

女人，天生是悲观主义者。没有女人不爱事先给自己预设一些心理障碍，把事情的负面因素事先一遍一遍地演练。所以，每当遭遇到压力，女人也许会哭会骂，但你放心，之前种种的心理演习，还是会令她早有了准备。

我们都知道，越是骄傲的人，越受不起失败的挫折。

女人，虽然常被哲人称之为"弱者"，但要知道，一个"弱者"，最不怕面对的，就是"困境"：输了，大不了她还是弱者；赢了，很幸运，她能胜果翻倍。

压力面前，女人别怕输。

不论结果最终如何，你都不会是输家。

女人，总会让对方不自觉地开口。

他对她开口，总会换回她的开心。

为何男人爱对女人讲"秘密"？

每个男人都有一份"红颜知己情结"。贩夫走卒，抑或名流士绅，问到他的头上，都会说"最爱一个能解我意的女人"。

男人择偶的高标准是要一个美女才女，赏心悦目；男人择偶的最高标准是要一个"红颜知己"，惺惺相惜。

不论哪个朝代的男人，有了钱财地位后，总想着再有一位"知己"相伴。一个能给他空间、给他以心灵沟通感的女人，男人最爱。

只是，男人的这种属性，很多做太太的女人不解且愤怒。

"他有了苦有了累，不跟我说，却非要去找家外的女人诉！他说自己没外心，可哪个老婆能够不多心？！"

调查中显示：不论男人女人，都表示跟女性朋友交往时，感觉更亲密舒服。每当遭遇难题，男人女人普遍都爱找身边的女性朋友来共同分担。

女人，爱跟闺蜜讲心事。

男人，同样也爱找个女知己缓解心情。

没办法，谁让女人是天生的情绪疏导师。

男人与男人间，更多表现为一种合作性。

女人与女人间、或者女人与男人间，却更多呈现一种沟通性。

只要一个女人，相貌不太凶，说话不太吵，做人做事不经常发脾气，一般而言，她便具备了一个"谈伴"的理想潜质。

作为女人，要懂得你受人喜欢的专长。

一个女人，能让男人讲真话，那她离他的心不远了。

一个男人，肯对女人讲真话，那他把她当成了托心之交。

难怪，贾宝玉永远最爱林黛玉。只因，到了她身边，他可以无所顾忌地讲真话。

但是我们的"太太们"，做不做得到让老公讲真话呢？

实在该好好想想了……

男人比女人眼神好，所以男人的心总是随着眼花而缭乱。

女人比男人听力好，所以女人的心总是执拗地

去寻找那不变的一点真情。

女人特殊的听觉习惯

女人是听觉动物。

男人是视觉动物。

这两句话，现代人听起来，毫不陌生。

当然，大多数熟悉它们的人，都只会把它们跟"甜言蜜语""贪美好色"联系到一起。

男人既抱怨女人话多，更抱怨女人强迫他听她讲话。

男人理想中的女人，永远是"红袖添香夜读书"的状态。观其色、闻其笑。但是，美人，请不要出声，小心扰了他的诗兴。

恋爱之前，男人都愿找个开朗的女孩，为的是能更快地进入状态。

恋爱越久，男人越希望身边的女友能话金言贵。他既想要恋爱的氛围，又想要单身的静谧。

但女人这种特殊的"听觉习惯"，却是种独特的思维优势。

想锻炼自己的思维，不仅要多看，更需要多听。

当一段段声音进入到你的耳朵，脑袋需要先把它转换成画面，再进行相应的思维。无形中，这其实是在迫使人进行思维锻炼。

听觉发达的女人们，思维力和想象力总是更立体更丰富。可见，一个爱讲话的男人，培养出的不光是个爱他的太太，更是一位聪慧的女人。

而那些只擅长"看"的人则不然：一个太完整、太明晰、太无悬念的画面，会让人产生代入感。时间一久，人会随着它喜、随着它忧，只是，少了一点点自己的思考空间。

男人总自诩聪明，可男人的聪明太过流于表面。

看得太多，不是好事。因为眼睛，常常是"恶之源"。

不快乐，是因为你的眼睛享受的待遇太好，若只看到满目疮痍，会感慨：生活无限好……

瞎子心最明。因为，耳朵，能告诉你很多很多眼睛告诉不了你的真相。

其实，最擅长"说话"的族群是女人。

于是，女人常常站在高处，审核男人的"口才"。

难怪，作为主考官的女人，永远瞧不上那些口齿拙劣的男人们。

男人间的应酬，为何永远离不了女人？

通常，人们会把语言按国家语种、民族方言来划分。

实际上，语言，也可以用性别来划分。这世上的语言大致可分为两类：男性语言和女性语言。

男性语言相对直白理性。男人说话讲究"掷地有声"，讲究真实、可靠、还原真相。

女性语言相对婉转感性。女人说出口的话，永远是已经被她的头脑加工过一遍的二手信息。

男人讲话，更多的就是为了转述一件事实。但如果只是为了转述事实，女人会觉得这话说得没有价值。女人在讲话的同时，永远希望能尽可能多地添加进自己的个人情绪色彩。

除此之外，男人女人间，有些不同的说话方式，颇有趣味。

看完一场无聊的电影。

男人通常会说："好无聊的电影！"

女人却常爱说："这电影好无聊。你说是吧？"

一个附加疑问句的形式，反映出，女人既要表达内心，又要兼顾对方的感受。

心理学家说这是因为女人不像男人那样自信。

但同时，也说明女人比男人，更关心对方的内心。

听对方讲着冗长的大道理。

男人通常会耐不住性子打断对方，插话表达自己的意见。

女人却往往会强迫自己耐心地等待对方的话告一段落，才表达出自己的想法。

同样，心理学家们认为，插话表示出权力和支配欲。男人比女人更爱插话，反映出男人更强的控制欲。

当然，人与人的交往中，没有人真正喜欢爱插话的人。所以，懂得把内心的控制欲隐藏在"礼貌"范围之内的女人，总能够赢得对方更多的好感。

看到了一件惊奇的事情。

男人会用相对激动的语言做个简要描述。

女人却会热闹地连惊叹带兴奋外加高声尖叫。

男人会说"女人真烦，大惊小怪"，但周围若没了这些喜欢"大呼小叫""大惊小怪"的女人们，生活也一定会变得单调许多。男人，是大地般的基础色，稳实但也欠缺活性；女人，是阳光般的跳跃色，热闹地帮世界转换心情。

所以，即便是成功男人间的应酬，身边也爱带个女人。有她们在侧活跃气氛，男人间的对话，听起来不会那么累。

聪明的女人，通常会说，也会听。

别说聪明的女人难找。

一个女人，只要认定对面的人对她而言是重要的，一般，都能做到"聪明"。

女人对于优势价值的判断力，往往，比男人更敏锐。

年轻女人，都不希望自己看起来像个"母亲"。

但男人，却一生致力于在女人身上寻找一份"母性情怀"。

巧妙发酵女人最受欢迎的"人情味"

中国的传统：男主外，女主内。

一般人看来，这是重男轻女，是把女性的能力排在男性之后，是说女人只能做男人的副手。

若从传统的眼光去看，大概看来看去，也都是这么个结论。

但是，若从男女间不同的性别特性这个角度来看，就会有不一样的发现：女人的谈话更倾向于情感依赖，男人则善于运用谈判解决问题；女人重视关怀，男人强调独立；女人间的谈话更亲密更坦诚，男人间的谈话则抱有更现实的利益目的性。

逐一看下来，可以发现，女人，天生就是靠"感性思维"征服"理性世界"的物种。

女人，是在一代一代的进化中，逐步养成了一种如水般的柔韧特性——到了不能不后退的时刻，女人会后退，但男人，会告诫自己"咬紧牙关，再坚持一把"！

所以，男人特质更适合职场，女人特质更适合家庭。职场上，丝毫不能有含糊；家庭中，该让步就得让步。

女人必须具备"母性特质"，这要求她在抚育下一代的过程中，必须克制一切不当的冲动。

久而久之，女人比男人，便具备了更多的耐性。

同时，大部分女人，既不善于、也不愿意掩饰真情实感。因而，女人比之于男人，总体来说，更能让人感受到人情味道。

不过，随着社会的发展，性别间的性格差距已经越来越缩小。

男人说：女人越来越男人婆。

女人说：男人越来越没担当。

可以这样说：唾手可得的幸福生活，让男男女女，已经不那么需要去把自身的性别优势利用至极致。

因为，用心思去发挥优势，也是件挺累人的事。

只是，放弃了自己的优势，男人女人，难道，不是你的遗憾么？

女人的脸，是一场化学反应。

男人的心，却跟不上那其中分子离子的节奏。

"情绪察觉能力"导致男女间误会重重

"女孩乖，男孩闹。"

这是中国人养儿育女的经验之谈。

做父母的都有体会：女孩比男孩懂事。

他们言下的"懂事"，是说，女孩子比男孩子更懂得察言观色、体会人情。

女人，在理解对方的面部表情及其他非语言性表情时，具有天生的优势。

用老百姓的通俗话来讲：女人比男人更敏感。

虽然，大家常把这种"敏感"跟"小心眼"联系到一起，总觉得这隐藏着女人的不大气。但事实上，善于察言观色、看重察言观色，是女人的天性。

女人天生具有敏锐的"情绪察觉力"，这一点，绝大多数男人，都只能自愧不如。

有些女人哭诉责骂自己的男人："一点眼色也没有。完全看不出我是高兴还是不高兴。什么事情我不说他就不做。你说，他是不是没有心？他是不是对我不真心？"

别急别急。

他不是没有心。

他也不是不真心。

只是，男人永远没有女人那么专心。

佛曰：不可云不可云。

这话是女人的最爱。最喜欢这份眼到神会的玄妙。

但一个以"不可云"为行动指南的女人，恋爱中却总是被甩。

男人对对方"表情达意"的要求，不仅仅是希望对方表现出来，最好最好，也能直白地说出来。

女人对对方"表情达意"的要求，却总觉得，有些事情绪到了即可，不必非得言语也到位。非得事事都说出来，难免让人有些脸红尴尬。

于是，总有些好男人好女人，过不成好日子。

女人，最不应该的，是拿自己的优势去衡量男人的弱势。

否则，男人疲于应付，女人濒临绝望。

他没有注意到你脸上此刻正在发生的细微化学反应。

不是他没有心。

也许，只是因为，他的性别是男人。

成功的女人，是成功地发掘了自己的优势。

女人的成功，是让"优势"替你工作！

女人，如何用好你与生俱来的优势？

一直以来，大家总认为女人走向职场，是件辛苦的事。因为，"人们认为女性得付出双倍努力，却只换来一半成功。"

性别歧视的压力，并未真正从这个世界上彻彻底底地消失。

于是不少女人对职场深感悲观，她们的理由是："谁让我是女人呢！"

女人，几十年来始终被冠以"职场二类分子"的名号。

其实不然。那些觉得自己是职场二等公民的女人们，是浪费了上天赋予她与生俱来的天赋。

在职场上，女人实际往往比男人更容易被接受，这源自女人的性别特征。历代以来，女人代表的是一种感性符号。面对一团感性气息，人会从心底里放松警惕。

电视里，那些情感类的节目主持，一定拥有一个温和大方、亲和力强的女性。面对她，节目的参与者会最大限度地放松警惕，敞开心扉。

即便对面是老板或者客户，一个气质温和笑容恬淡的女职员，也总能先一步软化他们的心理关口。这是女性优势的第一重体现。

另外，女人都是讲故事的高手。事实证明，那些擅长讲故事的女人，都是人群中最受欢迎的人。人都不喜欢听道理，都喜欢听故事。故事更会令人产生代入感。

男人女人在描述同一件事时，男人会直截了当地三言两语讲清楚真相，与此同时抛给对方一个命题：接受或是不接受。

于是，他成功的几率就仅仅百分之五十。全凭对方的理性判断。

女人不然，她会针对每一个细节，仔细勾画出事件中每一个关键所在。她习惯性地为对方描画一个个场景，一步步带对方入戏。

慢慢地，渐次地，当她的故事讲完，对面这个人，似乎已经身临其境地经历过此事。当一个人对某事有了参与感，说服他的可能性便可以超过八成。

如果，你总是苦恼："人际沟通中我常常不顺。"

那么回家去，好好练练口才和思维能力吧。一个女人，受欢迎的程度，是跟她讲故事的能力成正比的。

每天，记下身边所见所闻的趣事，强迫自己把一件一分钟可以讲清楚的事，绘声绘色地讲述十分钟。描述得越详细越精彩，你的支持率就会越高。

职场上，"女性"其实是种性别优势。那种天然的温暖母性气质，是最令人有归属感的特质。那些为了迎合"男女同等"而一味悍女做派的女人们，你们实在绕了远路了。

一百种心思智力往往都比不过一个女人温和甜美的声音。后者，往往更能让人莫名信赖。而信赖，就是人际成功的首要质素。

女人，要善用你的"性别"做武器！

我不知如何定义我自己。

常常，连我自己也控制不了我的心。

我是爱他的，可却不由自主地要去折磨他。直到他对我由爱生厌。无可挽回之际，我才痛悔不堪。

似乎我的心里同时住着两个人：一个天使，一个恶魔。

天使和恶魔不定时地分工掌管我的人我的心，于是我的状态常常处于混乱中。

也曾跟身边的闺蜜们聊起过这个话题，她们亦是同感。

看来，每个女人心中都有些无法自控的状态。

有时候这状态可爱，有时候这状态可恨。但更多的时候，这状态让我们认识不清我们自己。

你曾说，"女人天生都有独特的女人性。"

告诉我，这"女人性"到底独特在什么地方？

——亦可

每个女人都是特别的。

但每个女人其实都不算是太特别的。

一个女人，本身就是一场奇妙的化学反应。但女人的这场化学反应，永远永远，有据可循。

"女人性"到底独特在什么地方？

很简单：用对了，它会让你充满女人味；用错了，它会让你招来男人恨。

——苏芩

第3章

了解女人独有的风情——独特的女人性

女人的个性中藏着很多趣味性。

因为女人天生就是一出矛盾剧。

这世上，唯有女人最真实。也唯有女人最虚伪。

女人说：我用虚伪去寻找保障，目的是为了日后可以正大光明地真实。

一个女人长得漂亮，是她的优势。一个女孩性格叛逆，也未必不是好事。

但一个女人又漂亮又叛逆，那必然注定了她会有些不平凡的经历。

当日后带着这些"经历"去面对婚姻时，会让她又疼又痒。

对那些聪明淑女而言，恋爱有伎俩。

没抓住那个男人之前，女人都是淑女。

一旦自认抓牢了男人，她开始对他发脾气。女人用发脾气来证明自己的"拥有"。

所以，那些自认赚得温柔妻的男人不必高兴得太早。女人的不可思议之处在于：你永远弄不懂她的下一张面孔是什么表情。

淑女的耐心跟流星的速度差不多少，仅仅到你被迷住的那一刻终止。

对那些穷姑娘而言，拜金有理由。

只有穷姑娘才真怕嫁给穷小子。因为她知道穷是什么滋味。

至于那些娇姑娘怕嫁穷小子，只是怕面子上过不去罢了。

对那些啰嗦女而言，话里有真心。

话多代表真实。一个恋爱中的女人，总会变得啰哩啰嗦。那是因为，面对爱，她的态度是真实的。

……

一个女人，就足以让男人感觉世界变得拥挤。

那是因为，一个女人身上，有着太多太多的不可思议……

一个成功的女人，能抓住钱。

一个女人的成功，能守住爱。

做个成功的女人，实现一个女人的成功。

你知道自己是哪种类型女人吗

女人分为四类：

第一类：不知道自己要什么，也不知道别人要什么。

第二类：虽知道自己要什么，但不知道别人要什么。

第三类：不知道自己要什么，却知道别人要什么。

第四类：既知道自己要什么，更知道别人要什么。

小熟男，喜欢第一类女人。她们单纯，可爱，略带迷糊，人生处处对她们有新意。她们正相信爱情，不会因为一个男人混得不如意就坚决不肯甩他第二眼。

第二类女人，自认为成熟，实则是碗夹生饭。每个男人的初恋，大多都被这样的女人伤过。他被她吓跑，她却抱怨是这男人没担当。到底是她没弄明白：一个女人能得到些什么，取决于她是否明白男人要什么。

那些恋母的男人，最喜欢第三类女人。所以，有些男人，虽然花心不断，但身边固定女友的位置上，人选永远不变。她把他当孩子疼着，容忍他的一切胡闹。她也不是全然不知自己要什么，只是，一个女人的全部需要，到了爱面前，都显得微不足道了。

第四类女人，男人轻易不敢招惹。一个女人，知道得太多，对男人是种威胁。

一个成功的女人，可以有千姿百态的优长。

一个女人的成功，仅仅在于，到了他的面前，她愿意装傻。

所以，那些真正的第四类女人，生活中几乎看不到踪影——她们会努力去扮演前三种类型。而日常见到的那些女强人，却常常是前三类包装后的产品。

虽然，不同型号的女人有不同男人爱。

但女人最爱的男人统统只有一类：他知不知道自己要什么，这无关紧要。重要的是，他得明白女人要什么。

只是，一个很懂得男人要什么的女人，总会是男人心中的贤妻。

一个很懂得女人要什么的男人，一定是个爱给你惹麻烦的情圣。

　　　　女人，不是不需要友情。

　　　而是跟爱情一比，友情的滋味显得寡淡了。

　　　所以，女人不缺爱情时，无暇去关注友情。

　　　只有当爱情不再垂青自己，她才会想到去联络友谊。

什么阶段的女人才真正需要友情？

年轻的女人说："我不需要婚姻。一个人也可生活得很好。"

年轻的女人又说："我不需要朋友。过多的友谊只会让我活得累。"

一个自信且自负的女孩，总认为，一个人，便可搞定全世界。

聊天时，偶有人问："我身边有女性朋友，坚持'独身主义'，坚称'不需要婚姻'，你说她这是什么心态呢？"

我先不答。

我猜:"那个女孩一定漂亮。"

他答:"对。漂亮。"

我又猜:"那个女孩一定生活优越。"

他答:"对。条件不错。"

我再猜:"那个女孩一定年轻。"

他答:"对。即将才要 25。"

……

所以,答案显而易见了:一个年轻的、漂亮的、条件优越的女孩子,根本不需要依赖建立各种关系去寻求精神满足感。她的周围,每天多不胜数的追求者,已足以令她心烦。

年轻,是女人足以骄傲的资本。

对一个年轻的女人,你能做的是:不要过多地去烦她。

有人也许听过这样一句话:一个女人,只有到了中年才会有更多朋友。

换言之,一个女人,也只有人到中年,才能体会出"友情关系"的重要。

三十岁前,女人不需要朋友。因年轻漂亮,身边蜂围蝶绕,总有追求者来讨她的欢心。她不会寂寞,因为,她身边的男人,也总是同样不甘寂寞。

男女间的游戏,在追与被追间,最有趣味。

于是总有些女人,独身不独心。打着"终身不嫁"的旗号,目的不是要赶走追求者。这话放出去,其实,是引人来追。

女人隐藏心思是:一朵有主的名花,即便再美,也少了它的诱惑力。

那些真爱她、真关心她的朋友，不要着急。只要她再长大一点，这些小心思，总会慢慢伴着岁月散去。

随着年龄的增长，围绕在女人身边的追逐者会越来越少。也只有当寂寞来临，她才会真正渴望一段关系的建立。

那些漂亮女孩，也许，精彩，会在她的人生中留得稍久一些。但一个女人该经历的一切，她也一样都不会错过，包括，岁月留下的寂寞……

女人，既要学会挑战，更要适时休战。

这样的女人，才是真的万人迷。

女人的挑战是打破僵局的妙计吗？

有些女孩奇怪："之前没成男女朋友的时候，我们相处特别融洽，互相能体谅能理解，可为何一旦开始以恋人身份交往，反而闹到不可开交？"

也有些女人不解："没离婚时，是天天闹日日闹，一旦离了婚，反而可以平心静气做朋友了。早知今日何必当初？"

……

种种疑惑，都印证了一个心理学观点：交往中，每当女人需要动用自己的性别角色而非社会角色时，她便会表现出令男人匪夷所思的任性。

换言之，女人可以在工作中大度、在友情中宽厚，但在爱情中，则注定会小气。每一个爱情中的女人，都是"纯女人"。

为什么女人会对"性别角色"和"社会角色"有如此大差别的反应？

想来，这跟女人的心理属性和社会地位有关。

女人天生具有不安全感，是两性关系中较弱势的一方。

还别以为弱势者，天生只能乖乖地等在一边，静等垂怜。对不少弱者而言，表达不安全感的方式恰恰是——进攻。

唯有挑起事端，才能够打开僵局。

而有些女人爱跟男人闹气，潜意识只是希望闹过之后，他能心感歉意、对她更好一些。

这就涉及到两性领域中的一个关键词——挑战。

男人喜欢有挑战性的女人。

女人喜欢挑战男人。

男人喜欢更美更刺激更难到手的女人。

这源自男人的掠夺天性。不是得到猎物便是胜利，唯有获得最优猎物，才称得上最佳猎手。

女人喜欢用任性、用折磨、用不讲道理去挑战男人的底线。

一次次试探，只是想摸清自己到底可以抓他到什么深度。

只是，当女人挑起事端、当女人拉开战事，却不见得人人都有这个能力熄火休战。

一个总喊"开战"的女人，会让男人想当逃兵。

女人用"折磨"去爱一个男人。

男人用"爱"去折磨一个女人。

不折磨，不厮爱

历朝历代的末期，总会有位毒虐的帝王。

帝王身边，又总有个比他更毒更虐的女人。

有了她的助纣为虐，他的虎狼之心变本加厉。民不聊生，臣子们只能起义，百姓们只好造反。

红颜祸水，由此而来。

看历史的人总觉得这些女人是天然生就的怪物，几百年出一个。但凡降生，就说明是老天爷准备重新选举人间领导人了。

从女人的心理角度看，身在爱情之中的女人，总是会有种施虐的心态。越受宠，越如此。

约会时，明明说好两点半，她非要 4 点以后才出场。

吃饭时，明明两人都爱中餐，她非要奶油加牛排折磨大家的胃。

无聊时，她半夜灵感一现，非要吃五公里外的水果蘸，吃不到，谁都别想睡觉！

……

女人花样迭出。男人疲于应付。

虽然，看他忙得团团转，看他等得焦心又焦虑，她也会心疼。

虽然，自己既没饱口福又没饱眼福，她也会遗憾。

虽然，半夜买来的美食，其实一点胃口也无，她也会知错。

但是，女人、一个恋爱中的女人，绝对不可能放弃自己那种种的施虐手段！

女人，从折磨一个男人的过程中，找到被爱的尊荣感。

女人，从折磨自己的过程中，找到这份爱永久的记忆点。

让自己爱的男人不快乐，当然，她也不会快乐。

但是，她会满足。

只是，一个总让自己不快乐的女人，男人也不会有心情让她常快乐。

女人，可以撒娇。

但女人的撒娇，不要变成毒药。

男人在恋爱中寻求新鲜的刺激。

女人在恋爱中寻求踏实的稳定。

可是奇怪，这两者的表现形式却恰恰相反。

想要成功，女人必须克服"矛盾型依恋"

婴儿对母亲有天生的依恋。但依恋与依恋间，有所不同。

有这样一部分婴儿：对母亲既反抗又依赖。当母亲离开，他会暴躁哭闹寻求母亲的怀抱；当母亲转身来亲近他时，他又会不耐烦地把妈妈的怀抱一把推开。矛盾，反复……这类婴儿对母亲的依恋，被称之为"矛盾型依恋"。

当然，我们的目的不是为了谈婴儿。而是想告诉女人，每个女人的身上，其实都能找到婴儿期的影子。

发现没有，女人一旦进入恋爱，就如同重新回到了婴儿期。

一个心中有爱的女人，总有办法，把她爱的男人折腾到四脚朝天。

大半夜，她要求男友要立马来到她家楼下。但是，又拒绝他进门。他转身要走，她又哭闹不休。

她爱跟男友说"别理我"，可他若真的不去理她，她又只会闹到惊天动地。

……

男人常被女人折腾到眼眶发青，精神濒临崩溃："你到底想让我怎样？！"

可是女人却满腹委屈："其实你不懂我的心……"

只是，女人的心，别说男人，换了女人也未必懂得。

或者说，连她自己也未必懂得，到底自己怎么了。

女人的体内，总有太多不稳定因子，连自己也把握不住自己的心。

与一个男人恋爱，她不光是希望获得爱情，更是希望，借由这个男人，认识她的内心，稳定她的内心。她的缠，她的粘，都是为了尽可能地从这份关系中寻求稳定系数。

恋爱，也是女人的实验。虽然男人普遍受不了这样的化学反应。

女人总是说："我也不知道，是不是真的爱上了他？"

其实，当一个女人，开始生出折腾他的欲望，这说明，她真的爱上了。

女人的浪漫来源于不断有人生梦想。

女人的浪费是纵容青春被美梦耽搁。

白日梦是女人的特殊保养品

都说"女人天生爱做梦"。

这里的梦，指白日梦。

关于女人的白日梦，世人常常是讥笑的。

大众一些的人，说这是幻想，浪费时间。

尖刻一些的人，说这是妄想，不切实际。

但是，女人依旧爱做白日梦。

男人笑她，她笑人生。

没有女人不爱去幻想。女人一生的丰富，更多源自幻想。

没有女人不敢去妄想。虽明知是妄想，也仍要去想。

在周围人笑她痴的同时，她的脑袋里，正有一出好戏上演。

有时候，白日梦也类似于一种"心理预演"。即把未经历过或即将经历的事情来一遍心理预习。

对儿童而言，富想象力的白日梦，有助于他智力的发育和思维能力的成长。

对白领而言，假想未来的白日梦，是在为将来有可能发生的事情做好准备。

绝大多数人的白日梦，其实都是生活中各项细节的总和。只不过，在"梦中"，她会换种方式去生活：

对于那些棘手的问题，在"梦中"，她突然有了良性解决的灵感；

对于自己不得不面对的弱点，在"梦中"，她会决然间将其一扫而光。

女人用白日梦，把自己武装得更强大，把生活装扮得更富足。

白日梦，是女人最好的精神营养。

因为，幻想之于人，是最好的休息。

所有的自我激励，就是给大家一个做梦的空间。

有了梦，人会发现，生活没那么累了。

爱做白日梦的女人，总是离快乐更近一点。

有些东西注定在身边得不到，只能到梦里去寻找。

梦里的片刻相会，也算是种安慰。

一个女人，如果能安排好"梦里""梦外"两段人生，那她便拥有了一种世人都熟悉且追慕的气质。

这种气质，叫做浪漫。

浪漫的女人，不会那么快地衰老。

社交，就是女人在想："男人在玩什么？"

社交，就是男人在想："什么样的女人好玩？"

女人的社交野心为何蓬勃

很多女人的衣橱里，总会有那么几件极少穿、或是根本穿不着的衣服。

说起它们，她们会一一描画："这件旗袍留着参加年终宴会时穿。这件红靴裤适合圣诞节派对。这件吊带裙最衬六人晚宴。"

虽然，年终宴会充其量一年仅一次。

虽然，圣诞节那晚她也许正赶上加班。

虽然，六人晚宴永远不知什么时候才会有她加入。

但适合这些场合的衣服，女人会提前准备好。虽然虽然，这些旗袍短裙，对每天挤地铁乘公交的她们而言，显得有些不合时宜不够实用。

看完以上的文字，有什么感触？

也许你会说："嗯，女人就是对衣服有独特偏好。"

其实你错了。

这一身身不合时宜的服装背后，隐藏着的，是女人那份蓬勃的社交欲望。

女人是爱漂亮衣服，但女人最爱的是能穿漂亮衣服的机会。

女人，比男人更热衷于社交活动。

在女人看来，那是最能够展示自己魅力的场合。

而且，女人是天生的社交明星，即便是再内向寡言的女人，内心里也会为自己提前勾画各式各样的社交场景。

只是，"应酬"这个词儿，不少人普遍认为，那是专属于男性的。

一个忙于应酬的男人，大家会想：哦，那是个"成功"或是个"正在赶往成功"的男人。

一个忙于应酬的女人，大家则会想：她为什么不能安分一点呢？

所以，那些喜欢"应酬"但又无条件去应酬的女人，都希望能找一个爱玩的男朋友。

其实，爱玩不是最重要的，重要的是，能带她一起玩。

女人都喜欢人缘好、交友宽的异性，在她看来，那是真正的能力和魅力。

常有些太太，爱跟应酬良多的老公大吵大闹。很多人觉得是女人需要人陪，但实际上，她是在内心咒骂："你在外呼朋引伴，我独自在家看无聊的肥皂剧！"

谁让，男人那些热闹的迎来送往中，少了她的参与。

当那些男人，对太太说："每天没完没了的应酬，真累！"

别指望身边的太太能百分之百解他之苦。

与他的劳累相比，她更恨寂寞。

女人比男人更注重"共同语言"。

虽然，男人女人的"共同语言"，永远也不可能相同。

男女间对"共同语言"的不同理解

女人爱说话。

虽然，她对面的男人未必爱听。

女人爱说话。

虽然，她这些话不见得有意义。

但是没关系，女人天生爱说话。

从生理属性上看，女人的语言表达能力天生强过男人。不论是语言的流畅性、还是内心的倾诉欲，明显，女人都是胜过男人的。

尤其，女人，在择偶时，普遍注重男人的"语言表达能力"。

在女人看来，一个不能"说"的男人，即便能"做"，终究也是枯燥无味的。女人容易被油嘴滑舌的男人所征服，即便明知有些话不可信，但还是不由自主地一头往里扎。

不仅仅因为"女人是听觉动物"。更是因为，每个人，都会把自己专长的属性，作为评定他人优长的标准。

说到底：

男人女人，都想找一个有共同语言的对象。

女人心目中的"共同语言"，指双方说话合拍。

男人心目中的"共同语言"，指双方生活合拍。

男人在热恋之际，也常常表现得沉默。可这沉默，不影响他内心的爱。

女人在热恋之际，恨不得一天 24 小时说个不停。可这倾诉欲，却容易迅速折损他对她的爱。

男人，都需要"朋友"。

女人，更需要"话友"。

所以，女人之间的友谊，常常靠不住。

毕竟，一段仅仅靠倾诉欲建立起来的"感情"，总会面临"话尽情绝"的危险。

语言表达能力，是女人的优势。

但女人，也该想想：每份优势背后，都隐藏着何种劣势和危机……

女人其实很容易改变。

只要遇上不同的男人。

可塑性是女人最奇特的才智

刚刚结婚的时候,芬妮说:"我洗不了衣,我做不了饭,我带不了孩子……婚姻,还不得被我过得一团糟糕?!"

七八年下来,芬妮早上7点钟起床煮早饭,8点钟出门上班,下午5点钟接女儿放学,周末在家洗衣外带收拾屋子……虽然,对于忙碌的主妇这个身份,她时有劳累的抱怨,但丈夫眼里,她还是能乐呵呵地把一切做好。

刚刚工作的时候,小爱说:"我受不了复杂的人际,我受不了繁重的工作,我受不了快节奏的每一天……我想,用不了多久,我非得失业不可!"

但两三年下来,小爱不仅没有被辞退,相反年年升职兼加薪。

婚姻关系中,口口声声要"改变男人"的女人,往往是更早一步地被婚姻改变。

职场生涯中,信誓旦旦坚决不做"职业奴隶"的女人,往往很快就变成了快乐的小女仆。

于是男人会说:"女人啊,真是意志薄弱的动物。"

但除此之外,难道你没发现这个道理:女人天生具有更强的可塑性。

遇到压力,女人会喊苦喊累,但喊完之后,女人却能在最短的时间内找到最近的适应路径。

女人，天生具有一种奇特的聪明才智：随着不同的环境变化，改变自己。

贾宝玉说："男人像泥，女人像水。"

故而，水一般的女人具有更强的可塑性——加糖，她会变甜；加盐，她会变咸；把她装进什么样的容器，自然，她也会成为什么样的外形。

当你在抱怨生活不幸，你也该明白：苦味剂，会让女人变得更苦。

女人是非多，是因为女人想得多。

男人情史多，是因为女人让他想得太多。

女人安全感的终极源头

虽然，女人都爱大房子。但是，女人的世界不需要太空旷。

虽然，男人可以忍受一家人挤在一起，但他的心，永远希望空旷点、再空旷点……

女人喜欢豪华洋房，是希望日后可足不出户，与他享受毫不匮乏的二人世界。

男人喜欢豪华洋房，是希望把外面的人带进来，观赏他毫不匮乏的个人世界。

男人关注自己在世界中的位置。女人只关注自己在别人心中的位置。

女人常爱挑起是非。

是非，源自女人思虑太多。

女人害怕独守空房，女人更害怕独守一颗空空荡荡的心。于是，她不断地琢磨各种人物关系，从中比对，确立自己每一处细微的位置。

一个女人，所有幸福的源泉，都来源于自身的价值感和存在感：要自己活得重要，要自己对亲人、朋友乃至世界，是具有意义的。

可以这样说，女人认定的"幸福"，看似跟"物质"联系在一起。实际上，"物质"的背后，折射出的，是一个人在这个世界上安身立命的一个"位置"。

每个人都需要一个位置。

女人终其一生，都在寻找各式各样属于自己的"位置"：爱人心中的位置；亲人心中的位置；领导心中的位置……

唯有别人心中给了她位置，才等于给了女人安全感。

只是，恋爱得越久，男人越想逃离。

一个女人，足以让男人的世界变得拥挤。

太拥挤的精神世界，会让人觉得对时间失去了控制感。所以，麻烦的女人，都会让男人迅速逃离。

女人哪，想要牢牢占据他心中的位置，先给他点空间位置吧。

男人不论怎么坏，女人都是一概地爱。

女人不论怎么爱，男人该坏还是坏。

谁让，有些爱，总是病态。

神秘的记忆，造就无情的负心汉

每个人，都或多或少会有点"状态依赖性记忆"。

通俗讲：快乐状态下产生的记忆，要到了再次遭遇快乐的时候才能记起；痛苦时的经历，到了下次痛苦时会被你再次忆起。

这种神秘的记忆驱使下，生活中有很多有趣的人。

醉酒后他做的事情、藏匿的物品，要到了同样醉酒后才能记起，青天白日脑袋清醒时，一定思绪一团糨糊；受轻视时咬牙自励做出了完美作品，一旦位高势优却不再有灵感。

这种神秘的记忆驱使下，生活中也有很多可怕的人。

比如，他痛苦时你陪在他身边，到了快乐时，他会遗忘了你曾经给过他的温暖。

可怜的女人，总是充当男人失恋时的那根"稻草"，救他的心，救他的情，让他心中的溃败感少了若许。

他把她当"替代品"，她不在乎。

"替代品"有"替代品"的自信：只要功夫深，铁杵磨成针。

女人，总抱着征服工作难题的心态去征服恋爱难题。

结果，那个男人总会成为她最大的难题。

女人都恨"陈世美"。男人却只会可怜"陈世美"：为一个黄脸婆绊住了腿、送掉了命！

这不是男人的忘恩负义，而是因为男人，比女人更是随环境而变的动物。

往往，一段恋爱中，女人总比男人坚持得更久一些。这是女人的怀旧，也是女人的厚情。

太多太多这样的例子。

男人受伤时，爱上的女人，一旦快乐便会忘记。只有再次受伤，才会二度忆起。

总有些女人，男人可与她共难，不可与她共乐。

皆是因为，她出现的时候不对。

爱上了，女人会变得没脑子；爱尽了，女人才开始动脑子。

可见，女人喜欢反思。失败后的反思。

如何尽快摆脱失恋的痛苦？

半数以上的女性大概都看过、或了解过小说《飘》。

主人公斯嘉丽最经典的一句话是："明天又是全新的一天了。"

遇到了难题，她会暂时性回避，至少，在今天在当下她选择回避。等到明天，再去面对复杂。

这是一种有益的坏情绪舒缓方式。谁都知道，在噩运发生的那一刻，人是最脆弱的。随后，人的耐受力会逐步增强，好情绪也会重新慢慢占领高地。

可以这样说，一个善于控制情绪、转移情绪的女人，一定活得比别人更多快乐。

当然，这也是个事实：生活中的绝大多数女人，不是"斯嘉丽"。生活中的绝大多数女人，永远是悲壮地"直面问题"。

虽然文艺作品中的推理名侦探都是男性身份。但是生活中，女人往往比男人更擅长"推理"——对于痛苦的推理。

遇到了痛苦，她会反反复复地琢磨、反反复复与自己辩论。有时是为了得出结论，有时不是为了得出结论。但面对痛苦时，女人，能做的事情，似乎，只有思考。

换作男人，恰恰相反。男人面对痛苦时，鲜做推理，他们会寻求其他途径麻醉自己，或是投入积极的行为解决问题。总之，男人不愿意对痛苦进行过多的反思，因为这个过程中，焦虑感会击垮他。

于是可以明白了：为什么女人比男人更多抑郁。因为，面对痛苦，女人永远没有男人"逃"得那样快。

女人才是真正的思维动物，她倾向于反思生活中的一切。每当一份恋爱出了问题，女人总会痛且思痛，总结自己的错处："都怨我把他逼得太紧""都怨我不够体谅他的难处""都怨我任性坏脾气"……

女人，通过恋爱认识男人，通过失恋认识自己。

每一次恋爱结束后，她都能更进一步加深对自己的了解。虽然，这种"认识"会让她今后加倍地悔不当初。

但是男人，没这么强的"自省能力"。一段恋爱结束，男人很难从中总结出一条一条详细的经验教训。他们所认识到（或者说是愿意承认）的原因，永远是一些粗线条的客观原因。因为失恋，对男人而言，已经是最大的痛苦，他们不愿意一次次往心火上浇油。

很多女人抱怨自己的爱人："一点记性也不长，错误屡屡再犯。"

可是，难道你没发现：正是因为有这份"坏记性"，他才活得更快乐不是么？

你说："我想摆脱失恋的痛，我想挣脱失败的苦。怎么办？"

一句话："多想点快乐的事儿吧。"

做女人，要有技巧。

尤其是一个家里的母亲。她决定着孩子一生的性格走向。

做家庭主角，女人得有好技巧

在中国人的观念里，一个家庭中，父亲母亲必扮演不同的角色，红脸白脸的不同交替中，孩子的心理才能有松有弛、有爱有怕。

当然，中国人心目中最理想的父母角色分派，不外乎"严父慈母"。在这样氛围中长大的孩子，通常个性更健康，情商更高，更具有独立性和创造性。

因为，父亲代表的是"规矩"，母亲代表的是"感情"，父亲是"方"，母亲是"圆"。方中有圆，圆中带方，人生才不会有遗憾。

但除了这种理想状态，家庭关系中，还存在其他三类。

慈父严母。这极受一些现代个性女性的追捧，"凭什么男人可以逞强女人只能装弱？！我的家里，偏让孩儿他爹给我当副手！"

但是，调查显示，这类家庭氛围中长大的孩子比较软弱温驯，缺乏立场，爱说谎爱投机，最易沦为处处讨好对方的两面派。

孩子，最需要从母亲身上得到的是爱的满足。只有爱的满足感能让人自信和自尊。一个爱说谎、不可令人信赖的人，责任追到源头，那得母亲来承担。

严父严母。如果，夫妻双方的个性都过于强势，那么对孩子来说也绝不是好事一桩。这样的家庭里，最易出产"逆子"。这些孩子表面看起来强硬大胆，实际上内心却脆弱自卑。他们是为了反抗而反抗。这种叛逆，其实是为了唤起父母的关注。他们渴望交流，却不懂得如何与人交流。

　　慈父慈母。这是很多电视剧里会出现的状况，家庭氛围好得不得了，老爸老妈闺女儿子随时随地可以打成一片。家，似乎就是人间天堂。这种环境长大的孩子，活泼热情，正直善良，有人情味。却总缺乏了一点点毅力和抗压能力。这样的孩子，爱的教育进行得是挺好，但自控教育却没能跟上。糖吃得太多，人是吃不了苦的。

　　虽然，越来越多的现代女人不屑于传统的"贤妻良母"式教育，觉得那是守旧的、落伍的。但是你想想看，一个女人婚后，既做不好太太，又做不好母亲，这样的女人，难道就一定是成功的、聪明的吗？

　　评判一个人，要综合多项的条件去做充分的理性思考。

　　而女人，是天生的母亲。做好一个女人天生的角色，也是你最大的成功之一。

　　　　　　男人讨厌逛街，因为总要破费。
　　　　　　女人喜欢逛街，却可做到不破费。
　　　　　　难怪，男人最不喜欢跟女人结伴上街。

爱逛街的女人做事更容易成功

　　"女人天生爱逛街。"
　　"女人逛一整天街都不会觉得累。"
　　"女人逛一辈子街都不会觉得烦。"

......

在男人看起来，爱逛街的女人真是又奇怪又可怕。

其实男人不知道，女人的购物过程，并不仅仅是个获得商品的过程，同时更是一个"认知"过程。女人在购物过程中享受到了认识更多新鲜事物的乐趣。逛，不是为了买，而是通过逛街便能获得满足感。

逛街，是女人间的交流方式。如果别人拥有了我还未拥有的，那女人损失的不是物品，而是社交上的发言权。一个爱逛街的女人，往往都具有良好的人际交往圈子。因为获得了信息之后，她必然要选择去交流。如此一来，女人之间的交情会越来越好。商品是纽带，给了女人以友谊的召引。

逛街，还是分散抑郁情绪的良药。当女人面对眼花缭乱的刺激物时，心理状态会呈一种积极的亢奋状态。

所以，总有那么多女人，把购物当成独特的解压方式。

同时，逛街也是锤炼心性的方式。曾经，大家总以为学钢琴练书法可以锻炼人的耐性。其实，对于成年女人讲，养性完全不必那么"贵"。她们只需找一件需要购买的物品，去逛上一天街，货比数家直到找到性价比最优的那一件商品为止。

你看，对女人而言：修身养性不必练钢琴，逛街即可。

做个笨女人，其实不难，只要有爱。

聪明女别取笑她们，她们拥有的，也许是女人最可贵的福气。

因为幸福，所以变笨

一旦恋爱，女人会变傻。

一旦恋爱，男人会变胖。

常常，老友几年未见，再见时，哪还有当年那个竹竿男的影子？！瞧他背也圆了肉也厚了，跟身边的她一同憨憨地傻笑。

我知道，那副憨憨胖胖的表情，叫幸福！

不少女人都说："一旦爱上了，女人就会变得弱智。"

恋爱会让女人变得手笨、脚笨、心笨。

原本挺能干的女强人，一旦恋爱，会脑中一片空白地等他去安排生活。

原本挺个性的潮女孩，一旦恋爱，会温温顺顺地让他来替自己做主。

女人都在追求女人味，为此，不惜花大价钱去上各式培训班。

殊不知，一段恋爱，就足以让女人变得更"女人"。

而那些总是女人味十足的女人们，大概，都有点"笨笨的"吧！

一个能干的女人背后，常常，有个靠不上的男人。

一个笨笨的女人背后，常常，是那个男人太宠她。

幸福，往往会消耗掉人的智力。

一个慢慢变傻的女人，生活一定是甜蜜的。

女人，能遇上一个让你"丧失"掉生活技能的男人，实在是你的福气。

关于男女间的"战争"，我一直不明白。身边有两对恋人朋友，他们的恋爱都以失败告终，追究起来，都跟"战争"这个词脱不开关系。

第一对朋友，从来不吵架。他们认为怒气是伤人的利器。有了矛盾，会各自玩"消失"，把怒气冷冻，让距离来解决一切问题。两年后，他们分手了，原因是："我们的恋爱，太冰冷了。"

第二对朋友，最爱吵架。觉得两口子过日子，不吵不热闹。鸡毛蒜皮的小事都能争上半天。遇到矛盾从不回避，非要弄个水落石出不可。还不到两年，他们分手了，原因是："我们的恋爱，太伤元气。"

所以我一直纳闷：都说恋爱的开始，便是战争的开始。可这一男一女到了战场，到底是该战还是该和？

——玫瑰

好战的男女，会有个破败不堪的情场。

善战的男女，会有条精彩纷呈的情路。

战还是和，不是最重要的。

最重要的是，男女间这场"仗"，你会打不会打！

——苏芩

第4章

两性多战事——那些有趣的男人女人们

世上只有两个人——男人和女人。

男人眼里只有女人，女人眼里也只有男人。

所以，一男一女的交往中，常常有些有趣味的事情在发生中……

一个男人，不再爱她，女人受不了。

一个男人，假装爱她，女人更受不了。

科学证明：喝酒后，男人会觉得女人更丑陋。

所以，男人女人间，喝茶比喝酒更容易动情。

男人聚在一起若不聊女人，会显得自己没见识。

女人聚在一起若不聊男人，会显得自己不像女人。

想要拥有一个男人的心，有时候，是要放掉他的人。

想要获得一个女人的心，有时候，男人该有点小花心。

越是把女人当玩具的男人，越令女人趋之若鹜。这个世道的逻辑，常常是这么无逻辑。

女人关注流行趋势是为了让自己变成男人眼中流行的女人。

男人关注流行趋势是为了了解自己为此要为女友付多少钱。

穷男人，把买单当成是对自己的考验——真的喜欢她吗？真的有这么喜欢她吗？

富男人，把买单当成是对女人的考验——她喜欢我的钱？还是喜欢我的人？

一个男人的生活真相，往往，只有他老婆才能看清楚。留给其他女人的，都只是一份化妆面具外的假想。

一个女人的美丽真相，仅仅，在她第一次留宿时就可看清楚。不过当真正看清楚后，男人不再有轻易退货的自由。

爱找茬吵架的女人有两类：一类是觉得拿不住男朋友，没安全感；另一类是觉得拿得住男朋友，耍小姐脾气。

爱找茬吵架的男人只有一类：想换女人了。

女人总会质疑男人的品位。

她看中的男人，身边总有个她看不中的女人。

不是那些女人太差劲，而是女人看女人总是太仔细。

女人都耐不住看。看得越久越不漂亮。

有时候，不快乐，就是因为多看了一眼。

……

那些有趣的男人女人啊，因为有了他们，世间从此不寂寞……

　　人生中，总有些"缘分"，让你不得不信。
　　人生中，也有些"缘分"，你最好别信。

"缘分"是谁的麻药

　　年轻时，每个人都相信"缘分"。

　　我们坚信，在偶然一个不经意的场合下，它终会出现。

　　年龄渐长，我们明白：缘分，是麻醉自己的药品。是男人女人在为自己的"挑剔"开脱罪责。

　　那些在年少时经历过山崩海啸般狂热之爱的女人，在未来的人生中，总会过得更加凄婉。谁让一开始便经历了最好，日后，终究只能是曾经沧海……

　　身边总有些熟女，被剩下了。她有她的无可奈何，亦有她的不肯妥协。

　　她总在等。等一个强过之前那个男人的人。

　　虽然注定了，她不会再等得到。

　　那些相信缘分的人，都是最挑剔的人。

　　他们认为人生一切都该是完美的。

　　但一个追求完美的人，一定只会遇上更多的不完美。

　　有少数缘分，会自动撞上人身。

　　但更多时候，缘分，产生于每一次你的努力中。

　　很多人，一生只会爱一次。

　　当那个人离开后，要学着找一个能过日子的人，并且，全心接受他。

爱上一个人，只需一分钟；忘记一个人，也许一辈子也做不到。

如果实在忘不掉，至少说服自己，放下吧。

有一种爱，只是人生的过场戏

言情剧里，每一个女主角订婚后，身边，总要凭空冒出一个完美男人。他的出现，就是要让她痛悔：之前，自己选错了人。

总是，当女人认为自己这一生的生活轨迹开始有了定论，才真正遇上那份令她心动的生活。

女人，不论是书里的女人，还是书外的女人，永远永远，认为"真命天子"总出现在更久一点的未来。

所以，大多爱情故事，只肯写到女人答应男人的求婚为止，留一个尾巴做悬念，让读者去猜测主人公日后的幸福。

于是，大多数的女人，不舍得凑合着嫁人，她们心里，总还有点"未知的期望"。

婚姻，对女人来说，就是一场赌博，用年轻、用美丽，赌注一生的安全感。

但现实版的爱情故事，恰如张爱玲笔下的《十八春》，一对信誓旦旦生死不渝的恋人，最终还是背向而去了。世钧和曼桢，在没有对方的时间里，照样还是结婚生子，经营一段自己的日子。于是，十八年后，因缘际会，再次相遇，那份生疏感连他们自己也深感不适应。曼桢说，"世钧，我们再也回不去了……"

这就是爱，揣在心里的时候可以死去活来，但当你肯放下，你会发现，也不过是一段泛了黄的经历。

越是熟女，越渴望和珍惜那种心动的感觉。当青春渐行渐远，谁不留恋那难得的悸动？

激恋，最能证明女人的存在感。

激恋，也是可以把一个浑浑噩噩的凡人拯救出泥潭的良药！

当一切拍板之后，遇上的那个男人，不见得是最优秀的，却是女人在进入平淡生活之前的最后一把激情赌注——她要的是燃烧，是最后一局的疯狂！

很多女人，总是在遇到一个外貌风度俱佳的绅士时，会突然发现：自己跟男友，没有爱情了……

真的没有爱情了吗？

答案也是真的真的"不一定"。

身边，那个决定与他携手的男人，不可谓不好，仅仅是，年复一年不变的相处模式已经让双方产生了情感疲惫。爱，总是需要维护的，维护所花费的成本越高，爱的性能便也越好。

虽然，时间，让他显得越来越平淡，但这是每一段爱，无一例外的结局。

有些爱情，不到分手的那一刻，无法有切身的体会。

就像那些打打闹闹的爱人们……

说服自己吧：有一些爱，注定只是人生的过场戏。

想博得爱，你得"傻"一点。

不是对方智商不够高。

而是，爱情中的那些傻事，你得说服自己去做。

男女间高智商的"装傻游戏"

爱情是个谋略的战场。

这个战场之中，男女之间，总有些好玩的战术引人入胜。

比如：

男人会顺路请女人吃饭、乘车。

其实，都是想跟她顺路暧昧一下。

女人一点也不傻。常常接受他的顺路人情，心里却在暗骂：怎么还不快点表白！

还比如：

女人会时常麻烦男人帮忙换灯泡、修水管。

其实，都是想多给他些机会，让他来追。

男人也清楚这一点。他总是不追，是因为，他心里，就只是想帮她换灯泡、修水管罢了。

再比如：

每一次被偷吻成功后，女人都会气鼓鼓地说："再也不要理你！"

每一次偷吻成功后，男人都会乐呵呵地佯装说："好啊，那我们结束吧。"

然后是女人哭。再然后是男人哄。

再再比如：

　　得到了一个女人后，男人会放松下来，不再天天堵着门去求爱。因为他明白，自己已经拴住了她。

　　得到了一个男人后，女人会紧张起来，天天堵着门口逼他示爱。因为她清楚，该换自己拴他了。

　　男人女人永远心如明镜：

　　女人虽然不精于算术，但女人永远算得出哪一个男人给自己花的钱更多。

　　男人虽然不长于表达，但男人永远听得出一个女人是不是真的心里有他。

　　……

　　男人女人，没人真傻。

　　但凡是傻，都是装傻。

　　　　女人要让男人有面子，他才会给你银子。

　　　　男人要让女人有银子，她才会给你面子。

男人从不在家里看女人

　　记得一次节目候场时，场下有位年长的男嘉宾对那些年轻的男孩子们说："找女朋友第一件事要干什么？让她洗脸！现代这些女人，脸上擦那么多东西，谁看得出来真漂亮假漂亮。先洗脸验明正身再说！"

　　周围的男孩子呵呵一笑。我当然相信，再找女朋友时，他们依旧不会让她们先去洗脸。

男人其实不喜欢化妆的女人。但现代的美女脸上的妆，却是男人们的面子。谁让天然不掺杂质的美女太少太少。

所以，一个懂得化妆的女人，在男人的生活中，就显得尤其地必要。

很多女孩子不忿："那个男人瞎了眼，看不出来那个女人擦了多少粉？！回到家里一卸妆，准保倒死他胃口！"

呵呵，这话说得不对。

男人从不在家里看女人。

男人在家里可看的东西太多。

电脑里的游戏，电视上的足球，顺便还得看好手机上的私密小短信……至于眼前那个女人，眼前有她，眼中无她。

男人只需要一个拿得出手的女人即可。

在外面，顺着别人的目光，他才有可能真正去关注她。

一个带得出手的女人，即便在家里蓬头垢面，也自有她的魅力。

出门时，那一刹那的光艳，是男人的面子。

一个女人，让男人有面子，就能够得到他的里子。

女人闹腾，是为了让他靠近。

男人闹腾，是正准备要离开。

你的嚣张，他的反抗

女人都有恐婚症。

记得有个女读者，婚礼前一天给我写来急信："怎么办？我就是不想结婚了！虽然人人都说我俩郎才女貌；虽然我也知道七年的恋情让我们很难割舍掉对方。可是，此刻我就是有种想要逃婚的冲动。为什么呢？我也不知道自己这是怎么了！"

曾经，女人恐婚像那句诗，"进去是个少女，出来变了少妇"，是惧怕纯洁的遗失。

如今，女人恐婚像句俗话，"领证前是情男，领证后是贱男"，是惧怕男人的多变。

不少女孩都疑惑："为什么男人一旦结婚，就立马性情大变？"

确实，男人女人爱嚣张。

她想：婚前不摆足了架子闹他个人仰马翻，简直对不住自己的恋爱身价！

他想：婚后不立马翻身做主整整她，简直对不住自己这么多年的低三下四！

所以——

女人是嚣张一阵子。

男人是嚣张一辈子。

有些男人越来越怕结婚，这真是傻。

中国男人最黑暗的日子都集中在婚前，不信你去看看：结婚后，有几家男人不充大爷？！

有这样的规律：越是婚前挑剔爱使小性子的女人，婚后越容易地位急转直下、遭遇到老公的反击。

一个太难搞的女人，男人便容易生出"攻克"的心思，一旦"攻克"成功，紧接着，他会"出气"、会"报复"！

不过，你还别觉得这样的女人会奋起反抗、重新夺回优势地位。一个爱闹爱折腾的女人，到了婚后，即便可怜，也会听话。

婚后，公主变了女仆，她会四处哭诉抱怨："这个没良心的……"

婚后，她若依旧可像婚前般颐指气使，会想到离婚："这个没本事的……"

女人就是这么奇怪的心态。终其一生都在寻找一个最强有力的男人：

婚前，印证这个男人能力的方式，是看他是否有包容万事的胸襟。她不断地折腾不停地吵闹，其实都是试他一试。

婚后，印证这个男人能力的方式，是看他有没有镇住众人（包括她自己）的魄力。婚姻中，她可以哭她可以忍，但她接受不了一个不够强势的丈夫！

恋爱，是女人对男人的考验期。可惜女人考验男人的法子总是太刁钻太刻薄。

通过了考验，她会甘心嫁他。

通过了考验，他却只想也回请她尝尝被考验的滋味。

结婚前，女人总是一而再、再而三地任性。

其实，这简直是压榨尽了他最后的一点点柔情。

当她抱怨："一结婚，他立马变了一个人。从前那个温柔多情、打不还手骂不还口的男人哪儿去了？！"

这时其实她该想想：婚前，你是不是闹他闹得太狠？

女人总希望身边能有个让自己永远都长不大的男人。

他可以让她衣食无忧，永远享受宠儿般的待遇。

女人的孩子性

男人的心性最像孩子，有孩子般的贪玩。

女人的个性最像孩子，用孩子般的方式去提要求。

女人爱跟男人提条件，觉得："你既然爱我，就得满足我的一切要求。"

虽然男人看来，这有点像"情感勒索"，但女人勒索得理直气壮。就像每一个小孩子，对父母的爱都必须全权占有，然后由着这份完整的爱，进而索取更多的糖果和玩具。

如果"勒索"不成功，女人会生气。女人一生气，就会想到惩罚男人。

女人不高兴时会用"沉默"来惩罚男人，但一个肯沉默的女人，对男人来说是奖赏。就像小孩子，一旦"要求"得不到父母的满足，会气鼓鼓地蹲到墙角不理人。可父母心里却大念一声"阿弥陀佛"："这孩子总算能老老实实消停会儿了！"

如果"惩罚"还不成功，女人会索性把事情闹大。

既然"沉默"不济事，那就干脆"大闹"！女人会哭，泪流成河；女人会闹，鸡犬不宁。最终，无一例外，男人会忍无可忍，摔门而去！一旦男人真急了，接下来，女人心里开始涨满了恐慌。就像小孩子，惹父母生气，有时是为了吸引他们的注意，但若父母真的生了气，他的哭声会由愤转哀。不论女人还是孩子，一旦哭声变小，凄凄哀哀，那就代表她开始后悔，心里已然认了错了。

即便如此，女人也好，孩子也罢，不会主动开口认错。

女人必须有耐心。一个男人，只要不想一刀两断，总会先跟女人赔礼道歉。同时，为了表达诚意，男人会有选择性地去满足女人之前所提的要求。女人委委屈屈地接受他的道歉，顺便勉为其难接下他的礼物。就像小孩子在大人消气之后，总能够得到些微的补偿。父母对孩子，永远是疼惜的。

这就是女人，有着孩子般最执著的心性。你看女人一生好似是一笔糊涂账，但其实，她的心里，亮如明镜。

> 评判女人的硬标准，男人认为，她要让他有性欲。
>
> 评判男人的硬标准，女人认为，他得对她感兴趣。

每个男人都爱说那句假话

一旦恋爱，男人会装得有本事。

一旦恋爱，女人会装得没本事。

一旦结婚，双方会惊呼："上当了！"

当然，有本事嫌弃老公没本事的太太，总会更多。

所以，那些没本事的老公，会去搞搞婚外情，继续跟其他女人装本事。

男人都说："我爱的女人，要外表潮流，内心保守。"

可是，男人仍旧是希望在三次见面内跟女人搞定肉体关系。

"外表潮流，内心保守"八个字，仔细想来，不外乎是说一个女人，看起来好追，真追起来发现总追不到。

外表潮流的女人，总会让男人第一时间想到"性"。

内心保守的女人，追着追着男人就没了耐性。

"外表潮流，内心保守。"

这是男人真的假话。虽然，女人真的相信。

男人女人，向来言行不一。

不过这并不影响他们的和谐相处。

就像女人说："我绝不能容忍一个男人在我身边、眼睛却盯着其他女人。"

就像男人说："我绝不能容忍一个女人月月收缴我的工资，嘴里却夸赞其他男人。"

男人是视觉动物，所以女人最恨男人的眼。花。

女人是听觉动物，所以男人最恨女人的嘴。碎。

不过，一个瞎眼男人去娶一个哑巴女人，也绝对是最糟糕的组合。

对方身上的有些特点，纵然你愤恨万分，但是，它却也能帮你开阔你前所未知的视野。

女人说："自信的男人我最爱！"

但她不知道，自信，不仅仅是因为成功，也可能是因为落魄。

最无能的男人才最自信

自信，是个好词。

男人女人评价一个人，都爱以它做标准。

尤其女人，看一个男人，若他身上没有十二分的自信，那她一定铁口直断：这是个没有大出息的男人！

女人总觉得：只要不是自负，男人，总是越自信越好。

可是女人你知道吗？

看一个人的能力，可不要总听他嘴里那份张扬的说法。

心理学上讲：人在最没能力的时候，往往表现出最过分的自信。

正因为一无所有，所以可以任意想象。正因为梦想还无所得，所以加倍地信心满满。

对于未知的，人，常会毫无怀疑地肯定自己会成功。

去生活中看一看，一个人得到的越多，"敢"说的东西也就越少。因为一路上识辛知苦，所以加倍地不敢妄言。那些坎坎坷坷绊过脚的，嘴上都有铁将军把门，"天下无敌"四个字，说不得说不得……

女人常常迷翻在男人的豪言壮语之下。

她认为，一个男人，想得越多，才会说得越多，说得越多，才越可能证明他是货真价实的"潜力股"！

所以，常常在无路可退之际，女人会后悔自己当初看走了眼。

一个男人说出来的"自信"，会误导女人的选择。

当一个男人对你夸下海口。

作为女人，先别跟着热血沸腾。

此刻，若他还不是成功的那一族，你该想想：现如今，是不是他最潦倒的一刻？

分手时，他该对她说：曾经，我是真的爱过你……

分手时，她须对他讲：其实，我依然敬重你。

"分手"如何讲出口

工作中，失恋的男人女人，见得太多。

这其中，尤以女人更多。

相信不论任何人，也总觉得，失恋后，最受伤害的一定是女人。迟迟甩不开阴影的也一定是女人。

痴心女子负心汉。一句话，几千年来，把女人定位成了永远的弱势群体。

而如果说，"对于失恋，女人的耐受力要强过男人"，你信么？

常能听到女人说："我的男朋友，对我、对我们的感情，总是无法全心投入。我知道，上一段感情，伤他太深……"

一段情，结束多年后，女人会偶尔想起，倏然沉吟。

一段情，结束多年后，男人却时常不忘，满目旧影。

这不是虚话。

只要是男人真正投入过的爱，他们总会用特殊的方式去纪念、珍藏。

一个相信爱的男人，会比女人更痴情。

每个男人，在失恋的那一刻，心理承受能力，都没有女人想象的那么强。常常此时，他们需要一个依附点、一根救命的稻草。很多充当了这根稻草的女人，多年后不得不承认，自己只是替代品。

每个男人失恋后，都希望能有人与他分担。他是为了缓解疼痛，这个新的"她"却不自觉中接过了他的疼。

同时，我们要注意到，失恋后，总在苦苦挽留的，是男人。总是架不住男人的苦苦挽留而心软的，是女人。

这反映出，男人是主动的争取，女人是被动的被争取。

男人，比女人更不愿承受失恋的苦楚。

分手时，是公布真相时。

公布真相，不要用中药汤，需要苦心外包一层糖衣。

女人不要对男人说："你没钱没势没本事，我凭啥跟你。"

男人不要对女人说："我不爱你，我更爱她。"

男人最重视身份的尊严，女人最看重爱的尊严。

如果你非要挑战，不见得有善后的能力。

提分手，要学会平心静气地安慰。不要一刀刺进他自尊的最深处。

男人，没你想象的那么强。

一个分手时对他说狠话的女人，会让他对她做狠事的。

爱，要使快招。

爱得越快，失恋越不容易伤到你的筋骨。

"失恋愈合"法则

失恋后，什么样的人痊愈得更快？

大多数人会有迷茫。

但关于"失恋愈合",有这样一条法则:爱得越快,失恋后好得越快。

总有些人,在恋爱之初发起猛烈的攻势,不拿下对方的心,誓不罢休!

这样的人,爱得甜畅淋漓。爱过之后,不再有遗憾。日后说到"分手",往往也是更加的干脆利落。

但那些习惯了被追求的人,最接受不了失恋的打击。且会在分手后反反复复叨念旧情,走不出失恋阴影的泥潭。

尤其是一个被追良久、日久才得以生情的人,一旦失恋,更是轻易走不出心的怪圈。

他不明白:"怎么可以这样?!前晌还恩爱求欢,眨眼便弃如敝屣。不甘心不甘心!"

因为一个人总处在"被追求"的位置,天长日久,会脆弱了心理承受力。

人的"优势心理"最容易被惯坏,一旦被惯坏,人便不再承受得了"变化"。

那些女孩子,总是人为地拉长被追求的时间,她们看来,这是主动权。

但主动权这东西,在你被宠的时候,会让你活得滋润。一旦失宠,它会掉转头,打你个措手不及。

女人总看不上那男人的厚脸皮,嗤之以鼻。

她恰恰不知,这份厚脸皮,真的是他感情的保护衣。

追一个人,追到了,是成绩;追不到,顶多换一个人再继续追。其他的,又会有什么不同呢?

爱情中，脸面真的不重要，重要的是——得到。

这样的人，永远不可能受到真正的伤害。

有爱的时候，赶快去爱。

当你不再想爱，曾经出招越快，如今好得越快。

永远不要跟"前任"诉幽苦。

既然已经离开，请一定把"心"也带走。

如何抵御"前任的爱情"再度来袭

如果有一天，在街上，偶遇前任，在他的询问下，对目前这份没有他的生活，你会给予怎样的评分呢？

"马马虎虎吧。"

一般人会选择这样一个答案。

她认为，这是最稳妥的答案，不张扬不炫耀，不自馁不气短，妥当得宜。

但实际上这话传到他的心上，却成了一份暧昧的诱惑。

一句话，勾起了万丈春水。

爱情敌不过时间，时间敌不过一次重逢。

两两分离时，不论嘴上心里骂了几千几万遍，当因缘际会，再一次面对面地相望，一切不好的思虑全都烟消云散了。

不少女人，总说自己着了魔："明明现男友比前任强百倍、对我好百倍，可是面对前男友的再度出击，我却稳不住神儿了？"

从心理层面看，这是人的"依恋心态"。

研究中发现：即便是恨意已久的一对男女，真正的分手后，也会产生想要再次接近、乃至破镜重圆的愿望。因为，之前的关系，即便全是伤全是恨，也让他们彼此产生了深深的依恋。

离婚前后，人就好比是交替着洗冷热水澡，先是热水烫人，努力想要挣扎，一旦婚离了下来，万事归静，又好比是被丢进了冷水缸，立刻又是更大的不适应。

所以，很多很多人，即便千百次证明了这个人是最不合适的，也还是要苦苦地挣扎，以求最后一线不可能的可能性！

一段关系的结束，并不等于一段感情的结束。女人要解除这种依恋的心态，必须，要经历这样一个过程。如果，中途，你放弃了，那就无疑等于吸了一口鸦片，缓解了暂时的疼痛，留下了终身的隐患。

前任们总是如此，只要不听到板上钉钉铁一般的事实，总不会轻易收起"再试一试"的心思。

你眼神中的一点点动摇，有可能接下来就是全战线的溃败。

狠下心吧：不论他是怎样的愁肠百结，你要坚持一脸的灿烂阳光。

唯此，才是真正的一了百了。

男人爱扮"坏"。

谁让，好女人总对坏男人念念不忘。

爱得太顺，让人索然无味。

而坏男人总不会让女人得到真正的满足感，而女人的不满足心态，

是支撑着她一路追下去的动力！

故作放浪的男人嫁不得

这世上，有一类男人专爱嘴上潇洒，即便不花心也要硬把自己说出几分花心。不为别的，嘴上过这样的瘾，男人觉得很 man！

有时候，一个男人想甩一个女人，不见得会明明白白对她说"分手"。而是会在她面前故意作出放浪的姿态。

某男友对女友说："将来有了钱，我不敢保证不会出轨。"

某男友对女友说："爱情总会慢慢变淡，没了爱情，我们不妨各玩各的。"

甚至见过，某男友对女友说："这辈子，我非包养十个情妇才算甘心。"

……

可是，有意思的是：他们如此说，他们的女友们，恰恰不会愤怒到扭头就走。中国人讲，"会叫的狗不咬人"。似乎，一个男人这样的话讲出口，他们的女人，会无奈且怜爱地叹口气，"这个傻孩子"。

可是，谁才是真正的傻孩子？

一个男人敢对女人说这话，内心里，她给他的感觉，是可有可无的。

　　甚至，他真实的想法是：希望她能主动离开。

　　通常，这类男人年轻、甚至比女友年轻，或者单纯、甚至比女友经历单纯。这一类男人，不算成熟，心存善良，对爱过的女人，总有些良心犹疑、不敢明目张胆地变心。

　　区分一个男人成熟与否，其实在对待"负心"问题上，可清楚地区分明白。

　　一个熟透的男人，不在乎在恋爱中做坏人。

　　一个全然不熟的男人，也常有意无意做恋爱中的负心人。

　　唯有那些半熟不熟的男人，在"主动负心"的问题上，会半遮半掩。

　　一个女人，遇上一个男人，比你年轻，比你经历单纯，不是件快乐的事。

　　对男人而言，满脑子幻想的女人娶不得。因为他满足不了她的幻想，她会跟他闹事。

　　对女人而言，满脑子幻想的男人更是嫁不得。因为她满足不了他的幻想，他会出去生事。

　　虽然，越是失过足、吃过感情苦头的女人，一旦遇上了好姻缘，越会死心塌地过日子。

　　但一个经历丰富的女人，最好不要去招惹初恋男人。

　　你的丰富会让他抓狂，而他的单纯会让你隐隐心痛。

　　男人女人，都是一样：吃苦不怕，就怕吃亏。

　　不论是你还是他，恋爱中，让谁吃亏，都是错。

爱上一个男人，女人渴望占领他的心他的眼。

但爱上一个女人，男人往往不敢抬起自己的眼。

他为什么总会偷偷地看你

有一次在飞机上，一男一女两位乘客大吵了起来。

起因很简单，一位前排的美女乘客，指责斜后排的一位男乘客心存不轨，下死眼盯着自己看，让她觉得很不舒服。

男乘客狡辩："你凭什么说我看你？！你看见我盯着你看了？！你背后长眼睛了？！"

美女气愤："我就看见了！看不见也感觉得到！"

一场吵闹持续了十多分钟，最终男乘客理亏，吵不过伶牙俐齿的美女，自己嘀咕："看看怎么了！"

战事结束后，邻座的一位老伯偷笑："这姑娘真够厉害！背后看看她也能觉出来！"

呵呵，这位老伯一定不懂心理学。

不论你在什么位置，盯住一个人的面部部位，超过三秒钟，那个人便能有所感知。超过十秒，那这人十有八九会转身回视你。

有科学家把这称为眼波频率。通俗点说，一个人的眼神都是带电的，能够引起对方身上的神经感应。

所以，你以为你是在偷偷地看他，实际上，这个秘密，他心底也会略略地有所感知。

恋爱中的女人，还是最爱那份眼神的交互。

有位好友，相亲结束，回来抱怨："那个男人没诚意，整个晚上看都没看我！我估计现在问他我长什么样子，他肯定答不上来！"

于是我说："恭喜你啊！看来这小伙子是迷上你啦！"

她嘴巴张成 O 型状："啊？！"

没错，一个人，初见异性，如果对她（他）有钟情的感觉，那跟对方进行眼神交互的频率反而会极少。通常来讲，一旦心被通上了电，人的眼神会不知所措。他（她）会避免正面的眼神接触，因为害羞，故而会左顾右盼甚至会故意装出满眼的冷漠和不在意。

同时，男女间初次见面，若异性长时间或热辣或直白地直视你，大概只有两种可能性：要么，他（她）饱经情事、曾经沧海；要么，他（她）是真的对你没感觉。

第一面的直白眼神，要不是经过了千锤百炼，必然，就是那其中没有"情"的元素，自然也就没有羞涩的负担。

当然，一男一女，若是相处已久，那需要，不断地用眼神保鲜爱情。长时间地凝视对方，这是男人女人心里，源自爱的最大鼓励。

虽然，聪明的人总能从对方眼神里看到更多更多的东西，但男人女人的眼里，其实不需那么多内容。

每一个男人，永远只想从女人眼中看到——鼓励。

但一个女人，永远只想从男人眼神里看出一样东西——爱。

男人的爱，实行的是一次性付款，希望一次买断全部的爱。

女人的爱，实行的是分期付款制，越到后来越需要你追加投资。

有多少人在患"爱情瘾症"

跟一些女孩说：爱，也是体力活。一个男人，能疯狂地去爱，要么是他正闲暇无聊饱暖思淫，要么是他正青春年少荷尔蒙旺盛。

追女孩太下力气的男人，不见得是最好。

可是，对待感情，没有女人不贪婪。

因为贪婪，所以，鲜有女人爱得只快感不痛感。

常对那些男孩说："追女孩别追得太狠。追得太狠，日后你就知道难受了。"

那些男孩懵懂，不知所谓。

常常去调节一些男孩女孩间的感情纠纷。

女孩哭得可怜，梨花带雨。

男孩急得可怜，挥汗如雨。

那些女孩总在较劲，给他找麻烦，给自己找不痛快，耍尽一切的小脾气，折腾得大家都难以招架。

我先悄悄问这男孩："当初，你追得她吧？"

他答："是。我先追她的。"

"追的时候下了不少工夫吧？"

"嗯。追了大半年她才答应的。"

"那，现如今你对她，顶多也就跟从前一样吧？"

"对。我对她一直都这么好。"

......

嗯。找到答案了！

爱也是种享受，享受得越久，爱的瘾头，也就越大。等这爱形成了习惯，然后会一步步要求更多。

一个女人，面对一个爱她的男人，希望的永远不是这爱维持不变，而是希望他越爱越多、越爱越久。

女人是种要求累加型的动物。

有了一，便追求二。有了二，便奢望三。

女人对男人爱的需求，总要求要不断地升级。

所以，男孩们，追女孩，别追得太狠。

惯坏了她，对你对她，都是祸。

不是美丽的女人才自信，而是有男人爱的女人最自信。

一个男人的献媚，最能让女人得到心理满足感。

男人的眼睛是女人最爱的镜子

有位大龄女友，岁月早已爬上了脸。

她平素爱照镜子。更爱一边照镜子一边对男友念叨：

"你说我漂亮么？"

"你说我显年轻么？"

"你说我看起来像三十五么？"

......

每次，男友总会被她问到失去耐性。不论他如何回答，答案总不能让她满意。

偶有一次，她再问。

男友凑上前来，神神秘秘地说："镜子里你什么样，现实中你就什么样。真的，相信镜子！"

是啊，女人最该相信的是镜子。

但女人常常并不相信镜像中的自己。

女人宁愿相信男人那张嘴。因为他那嘴里所描绘的她，往往比镜子中更可人。

就算是他泡妞的手段又如何。

总有些女人哭诉被男人骗。

识别男人的谎言，其实不难，只需一面镜子。

只是，女人总是不愿找到这样一面镜子。

女人的一生，都立志于让自己变得更漂亮，去吸引男人。

但女人这一生，永远希望男人并不仅是因为漂亮而爱上自己。

这就是女人，关于美丽，最两难的事。

　　　　剩女喜欢的那类男人不是不存在。

　　　　而是，那类男人是真的不喜欢剩女。

女人嫁不起，男人娶不起

关于剩女，大家总说她们"太挑"。

可是，现在的剩女，即便自己要求不高，也挺难嫁，因为男人娶不起。

身边一位朋友说："作为男人，我不喜欢剩女。如果现在有一个条件极好的剩女跟我求婚，想嫁给我，那我肯定不干！一个女人，把自己弄得这么优秀，男人谁还敢娶她。跟这样的女人过日子多累啊！我受不了这份儿压力！"

男人总想找个比自己稍弱的女人，是因为谁都想在家里充大男人、当当大爷。男人最烦老婆在家耀武扬威，觉得那是老爷们儿才能干的事儿！

谁都知道男人更需要"尊严"，但很多人不知道，对大多数没有大本事的男人而言，"尊严"就只能来源于一个比自己更无能的女人。

男人怕剩女躲剩女贬剩女，其实最终还是因为，但凡能剩下的女人，都不是好糊弄的，那不是些随随便便可以骗回家做黄脸婆的无知小妞！

除此之外，男人不爱剩女，另一个重要的原因，也是年龄。

那些条件不错的剩男会说："我们虽然年已快四十，可还想找个二十几岁的姑娘……"

在结婚问题上，男人女人都是有势利心态的：只不过，女人更爱物质，男人更重年龄。

有钱男人，是女人择偶的最爱。

青春小妹，是男人永恒的心头至好。

男人总说剩女太挑，自己懒得搭理她们。其实，青春美少女比剩女更挑，只不过，在她们面前，男人愿意被挑，被呼来喝去他也乐意。谁让男人眼里，女人一张水灵灵的脸蛋，胜过一切的才华阅历。

男人女人，本身就是一场战争。剩女的恋爱，则更像是一场战斗。没有强悍的神经、没有顽强的作战能力，没有突击式的爆发力，很难攻下那个喜欢的男人。

剩女，户头上多了些存款，脸上却少了些娇嫩。

岁月，给女人留下了点钱财。但钱财买走的，却是女人最可珍贵的婚姻身价。

男人不必再往剩女心口上撒盐。

剩女挑剔，是不假。但没成为剩女的女人，也未必不挑剔。

只是，有些人挑到了，有些人没挑到。

想想看，如果这世上的女人都变得不再挑剔，那这个世上的男人，也就活得没有了成就感。女人，也是男人赚钱的动力。

不为了遇上更好的男人，女人不至于努力。

不为了遇上更美的女人，男人懒得去上进。

这世上，多些个挑剔的男人女人们，大家的进步，会更早一步！

有些人恋爱，是为了让自己更快乐。

有些人恋爱，是希望能带给对方更多快乐。

虽然相差只有一点点，但整个恋爱的格局，却形同天壤。

有钱男人的恋爱恐慌症

每个女人都知道：看一个男人爱不爱你，要看他舍不舍得为你花钱。

但是，若追问一句："为什么"？恐怕很多女人却说不出来。

其实可以这样看：钱，对男人而言，是地位、尊严的代名词。在世俗态度中，钱的多少，是评价一个男人身价和身份的标准。

所以，钱对男人而言，真的真的是极宝贵的资本。而一个男人，愿意把这极宝贵的资本用到一个女人身上，证明，他有诚意对这段感情投资到底！

但是，很多女人经历过这样的爱情：男友不可谓无钱，甚至有些是身家过亿的老板。老板男友不可谓不舍得花钱，但交往中，他只肯为二人的共同恋爱项目付费。

不是不舍得花钱，而是不舍得把钱单独花在你一个人身上。于是我对这些困惑的女孩们说：一个这样的男人，代表着，与其说，他爱你，不如说，他爱这份与你恋爱的感觉。为了恋爱，他可以大把花洒，这也是他在享受。但是他不肯让你一个人单独享受他的钱，在他看来，与自己无关的快乐，他不愿给。

有些人的恋爱，是爱上了一个人。

有些人的恋爱，仅仅是爱上了"恋爱"。

爱上一个人，他有决心让对方快乐。

爱上了恋爱，他仅仅只关心自己快不快乐。

很多女孩子，觉得跟富豪级男人恋爱，是很没安全感的一件事。实际上女人不知道，一个富豪男人跟一个平凡女子恋爱，内心那种不安全感更胜一筹：钱，是他们的资本。钱，是他们的命脉。钱，也是他们心底最大的恐慌。

男人，会把钱当成恋爱的诱饵。但男人，对那些咬着"钱"上钩的女人，心底总会慌慌地长草！

这世上，那些愿意为女人花钱的男人，除了爱和愉悦的成分外，还有就是他觉得，这个女人是可靠的，是能够踏实于爱的。

谁都不愿投资无所回报，尤其是富豪男人。

所以女人们，当一个男人不肯为你花钱，不见得他是不爱你的。也许仅仅是，他没打算跟你长相厮守，或者说，你给了他不安全感。

有钱男人的家里，常常有位黄脸婆。那些漂亮的女孩对此不禁愤愤不平。

可是，那些黄脸婆，往往不会被离婚。因为，婚姻中，男人也需要一个"心腹"。这个心腹之人，不见得会弹钢琴跳芭蕾，但她的身上，能让他看到踏踏实实、忠贞无二。

爱上一个男人，女人希望能花他的钱。

但爱上一个男人，花钱也得花得让他心甘情愿。

如何花他的钱

常常遇到女人来倾诉家里那个"抠门男"。

"我每次买回衣服他都嘟嘟囔囔老半天，嫌我乱花钱。"

"他嫌我没品位，说好衣服穿我身上都白瞎，不如省下钱干点别的！"

"我每次买完化妆品，回来都要跟他闹一架，他总觉得这钱花得太冤！"

……

通常，看到这些，周围的女人们也会坐不住了，纷纷加入到声讨那些抠男的阵营："坏男人可忍！抠男人忍无可忍！"

先等等。先等等。

开骂之前，咱们先弄弄清楚：这些男人到底是为啥抠门儿？

的确，小气男人，有天生脾性的原因，也有成长环境的原因。

可是，除此之外，有些男人对别人不抠儿，却偏偏对自家的老婆抠儿。我想，大部分女人家里那个抠门男都属这类型。出得门去，对朋友对哥们儿大方得很，只回到家里，对老婆小气得紧。

对于这类男人，女人有没有想过原因呢？

偷偷说一个事实。

男人绝对不是不舍得给女人花钱。买衣服，买化妆品，都可以，但前提是：她得穿得好看。

如果他觉得自己花了钱还没换回一个美女媳妇，那钱真是花得心疼。

既然是花钱，那不论是花在谁身上的钱，男人都会有点"小投资"的感觉。既然是投资，自然希望能够亲眼看到回报。

男人花在老婆身上的钱，是希望能买来她一如既往的娇柔曼妙。

男人花在恋人身上的钱，是渴望能换回她更死心塌地的爱。

可惜这一点，女人常常搞不清楚。

女人觉得，爱上一个男人、或一个男人爱她，花他的钱，那就是天经地义。所以，现代老婆花老公的钱，总有收缴赃款的姿态。大义凛然。

如此一来，男人凭什么心甘情愿地付账？

总有些太太，哭诉花心老公："他从不给我买衣买包，却把钱全花在了那个小妖精身上！"

可是这位太太你知道吗？

男人愿为一个女人花钱，那一定说明，为她花钱，能给自己换来愉快。

收到他的礼物，那个"妖精"也许会感激会感动会百倍地风情会万倍地逢迎，那一刻，他才觉得"这钱花得真值"。

女人用钱买饰物。装饰自身。

男人用钱买尊严。装饰面子。

如果，他不是天生的小气男，却又在花钱问题上对你抠抠唆唆，那说明，作为爱人，你花他钱的方式方法不对。

所以，用他的钱买衣服：

一要让他知道。得让他明白，自己对你投资良多，中途撤资，便是亏本。

二要对他更好一些。要让他感受到，自己的投资，立刻就有了回报。

三要想办法让自己穿着漂亮。这是让他坚定想法：下次有钱，还要投到你身上。

我不明白，为什么男人总是会被她们迷住眼睛？！

她们没我漂亮，不像我是天然不搀假的美人胚。

她们没我乖顺，不像我总是设身处地为人着想。

她们没我贤淑，不像我能够把家里家外处理得妥妥当当。

可是，依旧，她们比我更招异性的垂爱。

为何我真心去爱的异性，一个个离开我，不顾我的眼泪，

跑到她们的身边。

难道真的是命里与生俱来的"桃花劫"？

曾经，我对自己有把握，确信自己能遇到心中理想的真爱。

可一年年的下来，这份"把握"正一步步在动摇中。

告诉我，一个女人，真正的吸引力，到底是什么？

——芸儿

并不是只有美女，才可笑得倾城。

并不是学会"完美"，就一定会有完美的人生。

异性，不是爱那些无瑕疵的伴侣。

异性，只爱那些动人心魄的伴侣。

一个女人最终极的吸引力，来自于，她懂得如何做一个真正的

女人。

——苏芩

第5章

聪明女人有技巧——男人天生被"她们"所吸引

男人认为，腰比臀窄 30% 的女性最有吸引力。

男性更喜欢那些看起来拥有健康生殖能力的女性，而非娇弱的林妹妹。

男人喜欢的女性身材，永远比女性喜欢的女性身材，要丰满若许。

男人多数并不会盯着女人的脸部五官仔细研究。男人爱盯着女人看，只是想从她面部表情推敲出一个问题：现在适不适合去追她？

男性最讨厌恋爱时谈条件的女人，即便他条件不错、符合她的标准。

男人比女人更喜欢等级制度。当身处不稳定的组织体系中时，男人会感到不安。总体来说，男人不是征服女人，就是被女人征服。

男人不会仅为了想结婚而去恋爱，可若一旦遇上了爱的女人，他会比她更迫切地想要结婚。

男人无疑更钟爱那些更完美的女人，但陪在男人身边的，永远是那些他们更容易得到的女人。

男人害怕承诺，一个女人屡屡逼他承诺，会把他逼出轨。

男人都喜欢女友身边的女朋友。尤其当这个女朋友还算漂亮时。

男人爱招惹妩媚的女人，会追求可爱的女人，会娶贤惠的女人。

男人约会时也同样爱讲自己的理想抱负和现实工作。如果能坚持听上十分钟而不去打断他的女人，他即认为是懂他的女人。（当然，这十分钟内，女人可以走神，因为他根本不会注意到你在走神。）

……

恋爱，因什么产生？

心理学家说，因对方满足了你内心所渴望的需求而产生。

拜金女孩说，因他能给我眼花缭乱的公主式生活而产生。

知识男性说，因我们之间有更多的精神共通性而产生。

……

当然，更多更多的男人女人则会有一个更加简单通俗的解释：因为她（他）让我感受到被重视。

任何一段爱情，都需要诚意。

吸引男人的女人有千千万万种，而男人最引以为傲的那个女人，永远是——肯定过他的那一个。

> 得不到，便是纯真年代。
>
> 得到了，便是油盐酱醋。
>
> 这就是爱的辩证法：得到后，总会失去；
>
> 得不到，反而会更长久地拥有。

一刹那的惊艳，一辈子的遗憾

人与人之间，有一种感情产生于邂逅，也终止于邂逅。

仅仅就那么一面之交、数日之缘，说"再见"的时候，也许，就是永久的"分手"。

人们把这种邂逅，称之为"艳遇"。

我知道，这种感情很美，可越美的感情越折磨人。因为，得之，是你的不幸，这意味着日后时间的长河里你必须亲眼看着它凋零；不得，也是你的不幸，这证明了日后的岁月里你必须忍受"求之不得"的痛心。

当然，如果非要比出哪个更不幸，要我说：得，不如不得。至少，没有真正得到那个人，你会拥有一段一生都弥足珍贵的记忆。

有女性读者来信说："一次出差，遇上了他，一个事业有成的中年男人。他有魅力，有情调，也有太太。由于感情的越来越近，我们有了比较亲密的举动。当时他非常渴望与我发生关系，我拒绝了。我能感觉到他在非常努力地控制自己，其实他只要稍稍强硬一点，我们的关系一定会发生实质的变化，但他没有。他的这次放手，让我觉得他很男人，越发喜欢他了。出差结束后，我们各自回到了各自生活的城市，从此不再联系。可是，我陷入了对他的无限思念与挣扎之中……"

那个激情的当口儿瞬间，女人一句轻轻的拒绝让他就此歇手。于

134

是，女人认为这是个真男子，世间稀有。

但我也相信，那时那刻，任何一个有身份的中年男人，都会做出和他同样的选择。因为，对一个初识的女人用强，他是把不准后果的。无法预知后果的事情，中年男人，已经不太敢去做了。

那些有原则的女人，不该为露水之缘而着上心魔。一个有家的男人，出差在外，还要主动去招惹一段艳遇，而且是从哪儿开始到哪儿结束，说到底，这也就不算是什么人中极品了。

人，要学会转移思维的主角，要学着把怀念，从人，转移到事。

怀念一段经历，比怀念一个人重要。

艳遇，遇上了，怎么办？想问它要些什么呢？

至此后，每当想起那个地方，能够忆起，有那么一段往事，就足够了。

很多人，总是渴望邂逅艳遇。

可是，看过了世间情愁，你会明白：一份刹那的惊艳，遇，不如不遇。

女人的每一个理由背后，都有暗含一份相关的动机。

男人的每一个理由背后，都有一段不愿示人的谎言。

人人都爱自己多一点。

爱情中，女人如何全身而退？

对不肯与他发生关系的女友，男人会愤愤地指责："你就是不肯死心塌地地爱我、跟我！"

　　每每，他对面的女人会流下委屈的泪："我只是想把纯洁保持到新婚。"

　　但，男人的指责，何尝不是一语点中了女人的心？

　　女人大都不希望发生婚前性关系。

　　婚前，女人的保守，也是想给自己多留一条后路。随时可全身而退。

　　这世上，百分之九十九的女人，遇到的那个男人，都并不真能对应上心中的理想，于是，女人，不到结婚的那一刻，谁都不会真正死心。尽可能地保持纯洁的完整性，就等于有了更多可选择的余地。

　　女人，不想被控制到男人手上。

　　男人，常常爱拉长恋爱的期限，那是他没玩够。不想这么快就负担加身。

　　女人，也常常爱拉长恋爱的期限，那是她在等待。等一个更好的对象出现。

　　越来越多的女人恐婚，相处多年谈起婚姻，依旧是那么不情愿。其实就只是，对婚姻最后的一把野心。

　　别傻了。

　　一旦女人决定了谈恋爱，就注定了永远不可能全身而退。

　　男人不会容许你不付出身体，更不会容许你不付出感情。

　　男人，对一个不爱的女人，能做到够狠心够绝情。

　　但女人，即便对一个不爱的男人，也或多或少会有些感情。

　　选择之前，女人要更慎重。

　　谁让，爱上了，女人，别想再回头。

跟一个人大唱反调，会引起注意。

跟一个人同步同调，会引发好感。

获得他的好感靠什么？

"如何获得他的好感？"

日日被女孩们问到这样的问题。

获得一个人的好感其实并不难。实验证明，当一个人，有意识地去模仿对方的言语行为时，会更容易获得好感。

模仿，可以增进伴侣间的和谐。

从心理学上讲：当一个人看到对方跟自己做出同样的行为时，会产生一种自我强化的愉悦感。

肯定一个人，最佳的办法，就是重复一下他此刻的言行。

如果看球时他兴奋得直拍大腿，那你不妨也跟着做出"拍沙发""敲板凳"的相似动作。

如果一杯酒他一口喝干，如果稍有点海量，你也不妨跟上一杯。

如果他每次下班后总要先去健身房，偶然间可以向他透露，你也是那家健身房的会员。

……

这比什么奉承都有效百倍。这是最高境界的恭维。不着痕迹，却能迅速征服他的心。

人，总希望能从对方身上找出与自己的共同点。因为人是最怕孤单的动物，当感到世界中无人认可自己时，人的自信会瞬间崩塌！

别以为做到这些很难。对一个恋爱中的女人而言，做到这些事情，实在是最简单不过。

当你真正喜欢一个人，会不自觉地紧跟着他的步调。

他笑，你也笑；他蹙眉，你也蹙眉；他长舒气，你也长舒气。

所以啊，当你开始随着对方的步调行进，这说明，你心里满满的都是他。一个心中装满对方的女人，男人看来，便是自己最终极的骄傲了。

这世上，不少女人总纠结于"改变"和"被改变"的命题。

事实证明，女人，爱上一个男人之前，会想要改变他。爱上一个男人之后，会被他改变。

真的，不是所有女人都能改变一个男人。

尤其，当你爱他更多一点时。

> 女人的嫉妒，爱挂在嘴边。
>
> 男人的嫉妒，会记在心里。

轻易不要让男人去吃醋

考验一个男人，女人爱用"第三者"的伎俩。

人为地给自己设定几个追求者，目的就是为了看他的反应。

他暴跳如雷。她心醉：呵呵，看来他是真的在意我。

他安之若素。她心碎：哼哼，看来他心里有我没我都那么回事儿！

女人都希望男人为她吃醋。然后抓他抓得更牢一些。

然而实际上，男人遇到情敌的第一秒会想：要不要让给他算了？

但凡那些没有让的，只是暂时没有遇到比她更好的。

一个男人，只要肯对她好，女人都会将他认定为自己的私产。

一个女人，即便肯对他好，没有对她深切的爱，他也学不会珍视。

女人会为了身边一切跟自己有关无关的男人吃醋。

但男人只会为那些对自己而言有价值的女人吃醋。

做女人，轻易不要引发男人的嫉妒心。

女人的嫉妒，顶多发发脾气闹闹情绪。

但男人的嫉妒，是会记在心里的。

男人比女人更容易一见钟情。

可见，评断一个女人是不是自己所爱的，男人用的时间要更短。

男人比女人更易一见钟情

一见钟情，不少人觉得那是个"女性名词"。第一眼便"兹啦啦"地过电，是女人的梦想、女人的最爱。

但是你知道吗？

男人比女人更容易一见钟情。

关于相亲和约会，有这样的调查结果：约有四分之一的男性承认，初次见面便爱上对方；而只有不到五分之一的女人承认，直到见面到第四次，才开始爱上对方。

可以这样说，评断一个异性是不是自己所爱的，男人用的时间要比女人更短。

　　所以，总有些男人，初次见面便对女人有亲密举动。女人看来，这是流氓行径。实际上也有可能是：这个男人不愿意掩盖自己爱的情绪。

　　恋爱过程中，男人总比女人要主动，不单纯是因为"男追女"的惯性思维所致，也是因为，男人的感觉比女人来得更快。

　　其实，男人比女人更容易动心。

　　因为，男人比女人更能敞开内心。

　　女人的爱，总要有适度的掩藏，七分爱，脸上能露三分便是够多的了。但男人的爱，相对简单，有爱便爱，无爱便不爱。是最现实的恋爱观。

　　女人爱一个男人，有可能终其一生，只有她自己知道。

　　男人爱一个女人，若不能让她知道，那不如不爱。

　　偶尔，相亲归来，女人会在心里猜测："他对我不太主动，但也没太多拒绝。他爱我吗？"

　　记住一句话吧：当相亲结束后，那个男人对你不拒绝不主动，那说明，他对你感觉平平。但也仅仅是"感觉平平"，也还没有坏到"反感"的地步。在这个"不拒绝不主动"的过程中，他在犹疑、也是在尝试：能不能哪一天，忽然心动？

　　如果真对他有意，抓紧时间出击，尽可能短的时间内搞定他的心。战线拖得越长，不利于你的胜利。

　　别说"不好意思"，也别说"不容易做到"。

　　不是说了吗，男人比女人更容易动心。

　　一个动了心的男人，主动权就随你的掌控了。

这世上最绝情的人，是一个对你没感情的男人。

这世上最多情的人，是一个正在暗恋中的女人。

单恋后，该如何解脱内心？

女人比男人更容易单相思。

这话，你信，我信，谁都信。

茫茫人海中，你遇见了他。而他，恰恰没有注意到你。

从此，就凭空多了一份单恋的愁结……

女人比男人更容易单恋，原因大致有二。

女人比男人感情细腻，更容易捕捉到瞬间的心动。虽然他并不帅，但也许气质不错；虽然他并不多金，但也许工作劲头十足；虽然他什么都平平无奇，但也许一句话，就敲开了她的心门。

女人，总会因为一些细微的、甚至是莫名其妙的细节而迷上一个男人。

女人比男人更羞于表白。十有八九的女人，爱上一个男人后，会很焦急。不敢表白，又不甘心错过，就把这份情放在心里头揉啊捏啊……糟心遭罪。

若是换了男人，十有八九是相反的情况。男人的爱，总会表白，不论配不配，不论合不合。爱的面前，男人不会顾忌条件。

所以，男人的单恋总会转向明恋。女人的单恋总会趋向无果。皆因，女人的面子是大事，恋爱中的面子是最大事。而男人，得到自己想要的人，才是最最大的事。

作为一个女人，如果你正单恋，要鼓励自己讲出来。

　　也许那个倾听者是身边的亲友。对着他们，可以讲，可以哭，可以尽力地发泄愤懑。前提是，要把怨气倒个干净。

　　也许那个倾听者直接就是"他"。对着他，大方地讲出一个"爱"字，成与不成，那是后话。讲出你的单恋，不是为了获得恋爱，而是为了获得解脱。

　　一段爱，只要不说出来，永远没有终了时。

　　单恋，不是为了非要开花结果。

　　单恋，最需要有个了结。不管合与不合，不结束它，你便永远不能正常地开始。

　　美梦做到了尽头，不是世界末日。也许峰回路转，会有不一样的柳暗花明。

　　如果憋在心里，你永远看不到那样的一天。

> *爱情，练习得越多，男人越讨女人喜欢。*
>
> *爱情，练习得越多，女人越找不到喜欢的男人。*
>
> *谁让女人，每恋爱一次，身价都会贬值一次。*

什么样的恋爱最让女人贬值？

　　一直以来，那些貌似大彻大悟的女孩子会说：恋爱，是需要练习的。技巧越熟练，越有可能找到更不错的男人。真的！

　　可是你知道吗？情场上，有这样的潜规则：一个男人，仅仅为了恋爱而恋爱，那么，他身边照样会有一大堆的痴情女愿等他到最后、陪他到最终；一个女人，仅仅为了恋爱而恋爱，那么，她身边只会迅速地常常换人。

一个身经百爱的女人，会让男人害怕。一个让男人怕的女人，没人愿陪她走到终点。

这些在一生中不断"练习爱情"的女人们，常常，是孤单一人而至终老……

练爱的女人，为了爱而爱。

一段仅仅为了爱而开始和发展的恋爱，只会激发起男人的享受感，而不会让男人付出责任感。当一个女人常常对男人说"无所谓"，那这段爱对他也就真的无所谓了。想爱便爱，不想爱时一句"分手"解决所有难题！

一个女人，让一个男人轻轻松松顺其自然地去爱，不见得全是好事，也许恰恰是引发他薄幸的导火索！

要知道，但凡能长长久久的爱，总是需要一点点压力的。女人对爱的重视，首先对男人是一种压力：她的认真，会让他加倍谨慎地去应对一切爱的危机！

人心皆血肉，男人也都怕会辜负自己所爱的女人。但当一个女人把自己练成金刚不坏之身、不害怕男人的任何辜负，那注定了，不会有男人陪她到最后。

因为，一个身经百爱的女人，总会少了那份令男人动容的纯真……

平凡的女子们，也总喜欢不平凡的恋爱模式，总希望能时时有不错的男人来向自己邀宠。

她认为：恋爱技巧，决定恋爱成败。

她总在学习，也总在实习。

于是等她真正决定毕业时，猛然发现："好男人"比"好工作"更难找！

当真爱来临，抓住它，牢牢稳稳地去恋爱。而不是，仅仅去练习一场场爱情戏码……

　　　　每一段恋爱，开始的起点，决定日后的走向。

　　　　当你还站在起点时，该为终点想好出路。

痛说情史使不得

很多恋爱关系，开始于倾诉和倾听。

女人会因为心情不佳而对身边的男人痛说情史。说得干干净净。

常常，男人会因为女人的痛说情史而爱上她。因为别的男人拥有过的女人，他很好奇，迫切地想要尝尝味道。

但因为你的情史而爱上你的男人，永远永远，不要答应他。

否则，便是你受折磨的开端。

女人，真想跟一个男人发展成安全持久的关系，要把过去捂紧一点。

曾经有位男读者来信问："爱上了一个比我年长的女强人，她也爱我，而且对我很真诚，把自己之前的所有情史都讲给我听，讲到伤心处，会流泪，讲到开心处，会微笑。可是，我向她求婚，她却只说我是'傻孩子'。为何？我们真的只能做恋人不能做爱人吗？"

是啊。

一个女人，若能让一个男人痛说情史，说明，她离他的心不远了。

一个男人，若能让一个女人痛说情史，说明，他离她的归宿越来越远了。

作为女人，把这些不光彩的情史统统告诉给一个男人，其实在心理上，就已经把他划出"丈夫"的考虑范围了。

能让一个女人毫无顾忌畅所欲言的男人，大概，就只能成为她生命中的一个过客。

一个对女人的过去了如指掌的男人成为了她丈夫，对你对她，都是种负担。越是身经百战风情历练的女人，越懂得这个最简单的道理。

女人都需要安全感，而女人的安全感来源于——神秘一点。

对一个男人而言，占有一个女人的第一次，

比占有这个女人的一生更重要。

如何巧妙化解对方的嫉妒心

关于"曾经"，你会怎么跟他说？

很多女人，在"旧情史"上，面对现男友的追问，迟迟不知如何开口。

说个最简单的通则：

男人跟现女友说起"旧情人"，不妨告诉她：有两个以上。

女人如不得不坦白"旧情史"，最好要说：在两段以下。

对付女人的嫉妒心，需要使用"焦点分散"原则。

当男人告诉她："曾经，我有一个女友……"

这立马给她树立了一个清晰的假想敌："她比我漂亮吗？""她比我温柔吗？""她比我聪明吗？"……

但如果男人告诉她："我曾经有过那么几段恋爱……"

"焦点"瞬间扩散了。

女人只会吃一个女人的醋，女人一般不会吃一堆女人的醋。

对付男人的嫉妒心相对要容易许多，女人只需要尽量"单纯化"自己的经历。

不论你之前怎样地情路坎坷，到了他跟前，最好仰起一双略带无辜的眼。

男人女人，对待伴侣的旧情史，总是有着无尽的好奇。

他们会想方设法去挖到最底层。

当然，无论挖到多么深，他们内心中最渴望的答案永远是："我自始至终只有你。"

有女孩子，上了男友循循善诱的当，当她对他敞开心扉，他却对她忽然暴怒。

她恨他不守信用。

但爱情的信用，跟爱情的尊严比起来，太微不足道了。

当他对你说："乖，告诉我吧。我保证不生气。"

别上他的当。

想要留住男人更多的宠爱，有些话，永远不要说出口。

女人把吵闹当成交流。

男人把吵闹当成离家出走的理由。

那条爱情底线你别碰

每个男人的恋爱，都有一条底线，超出了这个底线，你别指望他能继续死心塌地。

而这个底线，就是：女人，你别闹！

可是生活中的女孩子们，男人越说"别闹别闹"，她越会往死里折腾往死里闹！

男人让女人"别闹"，那是希望她真能安静下来，别烦他。

但听了男人的"别闹"，女人往往会闹得更来劲：一说因为，"他说'别闹'我就不闹，凭什么呀！"二是因为，即便是男人的"呵斥"，女人也会觉得是种交流，说明他正在乎，于是，越有交流越来劲！

现如今，越来越多的年轻女孩，希图从男友身上，得到一种父爱。那是最极致的安全和满足。

她想博他重视，想让他对她好一点、再好一点！但也可以这样讲，不论他对她有多好，她都不会真正满足。因为，这样的女孩们，是在以"父亲"的标准要求男友。而作为一个同样年轻的小伙子而言，我更相信，他绝对绝对达不到此般的要求。

每当女人理直气壮地说："他忒不解风情！根本一点也不在意我！"

我总是要跟她们讲："该闹的时候可以小闹闹，不该闹的时候，克制下吧。不改改心态，今后的恋爱路上，还会有很多苦头要吃。毕竟这世上没有任何男人，可以心甘情愿地做你爹！"

恋爱不怕悲剧。

恋爱最怕闹剧。

男人承受不起的女人，永远是那个让他感觉闹心的女人。

虽然，那些女孩，为了吵架而吵架，那其实是种试探，是在努力试图触摸他的底线。

只是，女人你明白吗？

真正被你摸到了底线的那一天，就将是你和他一拍两散的结局时。

永远永远，要跟"底线"二字保持开一定的距离。摸到了它，便不再有回头的路……

对待好脾气的人，要对他温柔地笑。

对待坏脾气的人，要对他还以颜色。

情绪传递，有些时候，是极必要的。

如何对付他的坏脾气

不少人总觉得，恋爱中的找茬闹事，是女人的专利。

可生活中，就是有不少女人发现："我的男友爱找茬儿！"

明明不是什么惊天的大事，他非要拿出来闹一闹；明明是一瞬间的小错，他非要揪住她教训个没完。

他总是对她发脾气，且不是就事论事，而是就事论人。

很多女人，把期望寄托在："我包容他、谅解他，总有一天他会明白我的好。我在等待他'懂道理'的那一天。"

九成九的女人，是很难等到那一天的。

坏脾气的男人之所以改不掉，是因为发泄是他寻求快感的最后途径。

愤怒时，人会努力寻求发泄。

但是，如果你现在正面对一个愤怒者，若让他得以发泄、并且从中获得了快乐，那么糟糕了，这就等于在培养他的某种惯性：一旦愤怒，他会用各种各样的宣泄手段去寻求快感。

就比如，不少男人喜欢用发怒来排解压力。一旦周围的人，因为怜惜他的心理负荷超重而容忍了他的怒气，让他得以全心的释放，那么接下来的日子里，一旦他有了压力，便仍会朝着这个包容过他的人去发泄。

坏脾气是认人的。它天生爱去找那些接受过它的人去欺负。

对待坏脾气的人，一定要让他不舒服。

当你的那一位，有一副天生的坏脾气，经常针对你大呼小叫。

不要只会忍气吞声。也许第一时间内，不要硬碰硬地跟他对冲，但接下来的时间内，你一定得找点机会让他感觉不痛快。

让他明白：哦，原来，发泄完坏脾气后就没有可口的饭菜吃；发泄完坏心情后原来整家人都对我不理不睬；发泄完坏脾气后原来父母兄弟会轮番给我冷眼。

《红楼梦》中的呆霸王薛蟠，横行家里家外无人敢管无人能管，但一遇上泼妇夏金桂，所有脾气全都偃旗息鼓。

可谓是，对待狠人，要用狠办法！

这就是中国式的平民哲学：一物降一物。

某些男人，说自己"喜欢"诱女人上床，是顾及她的面子，

也是顾及他的面子。更是给自己的"色欲"

找了一件合适的外衣。

好女别嫁出轨男

"离婚后，难题才刚刚开始！"

尤其，是一对彼此间发生了爱情的已婚男女。

已婚女人爱上已婚男人，这类型的婚外恋特别普遍。

也有不少人，先离了婚，然后再想办法把对方的家庭拆散，可到最后，却是两败俱伤。

往往，彼此离婚后，他们能修成正果的几率也很小。

虽然是为了彼此而离婚，但不见得都会跟对方迈入再婚殿堂。

用老百姓的话说，这叫赔了夫人又折兵！

常常跟那些自认"婚姻不幸"的女人们讲："离婚不是不可以。但是，一个有家的女人，不要再去爱一个有家的男人。否则这段缘，是双倍的折磨！"

你认为，离掉一段不快乐的婚姻，是一切问题的结束。但你不知道，对大多数女人而言，有时候，离掉一段不快乐的婚姻，今生，也不会再有快乐可言。

想想吧。你的父母，他的父母，你的前夫，他的前妻，孩子，朋友……一切的社会关系，你和他，得重新一遍遍地梳理。没得到他之前，你会觉得得到他是天底下最幸福的事。得到他之后，你会明白，如果人生可以回头，你一定会义无反顾地转身。

女人总有种心态"老公是人家的好"。

同样，男人也认为"老婆是人家的好"。

若真有一天修成了正果，女人不会再对他有那么多激情，他也不会再对你有那么多的体贴。你们，爱的不是对方，是新鲜感。一对为对方抛弃了原来家庭的男女，最后走到一起，这辈子一定少不了点闹心，以及对之前婚姻的挂心。

不论何时，爱上了已婚男人，女人该提醒自己注意这件事：看看他对待现在老婆的一切一切，日后，都有可能重新一样一样再重演到你身上。

男人可以换无数个老婆，可男人的本性改换不了！

是的，未婚男人结婚后也有可能会出轨。但一个已经有过不良记录的男人，敢再信他第二回么？

抢夺，不仅仅需要勇气。

抢夺，更需要善后的能力。

如何看住抢来的爱

现如今，很多爱情，跟"抢"有关。

抢来的男人，抢来的女人，一开始，总觉得有那么一点点火花四射，与众不同。但只有那些真正抢到了手的男男女女，才会明白，尘埃落定之后，那些火花那些爱，会由灼热变得灼人，让人隐隐刺痛。

就像有个女孩困惑地说："我从第三者转正了。可从此，我们之间猜忌的日子也开始了。我不信任他的每一句话。可是我们是相爱的呀！但似乎，我们的关系走入了奇怪的魔圈……"

有些时候，一段关系的起点，决定了两个人日后的相处模式。

开始的时候，他有家。两个人偷偷地开始，然后慢慢等他把婚姻结束。于是，后来千难万难中，他终于恢复单身了……很多人看到这儿，松下一口气：总算是团圆了。

其实这两个人的情，起始于"偷"，这也就决定了，日后，这一男一女之间，会有更多的不信任因子。不是她不想信任他，而是，交往的模式，自始至终，已经形成了惯势。

所以，即便双方没有那些花花绿绿的事件，感情中，彼此的心也不会轻松得了。

当一个人，决定了去抢一段情，从一开始，就应该明白，得有什么样的代价。

一个女人，不是不可以爱上有主的男人，但至少，爱上之后，别把他和他能带给你的快乐，想象得太过唯美。

抢来的爱情，想要保得住，得学会获得"肯定"：对方的肯定、对方家人的肯定、对方朋友的肯定……要在两个人的周围，建立起一个庞大的人际支持系统。要想保住一段关系，永远永远，女人，得在他的生活中，占有足够的地位！

抢来的男人，总是并不像想象中那么完美。

因为，他的背后，会有太多太多的麻烦。

我常常告诉那些女孩子：一个能被你抢走的男人，你要看住了。被抢过一回，就有可能会有第二回。

人说：一个烂苹果，不必非吃到最后才认定它是烂的。

可婚姻中的烂苹果，大家会坚持吃下去。虽然味道不好，

但总期待奇迹会出现在下一口。

不是所有幸福都能熬出来

父母总是教育子女：感情都是可以慢慢培养出来的！只要对方条件合适，结了婚，日子长了，什么感情都会来的。

有些子女信了，于是找一个没感情但有条件的对象慢慢去培养感情。

但更有些子女不信，因为，他们发现：婚前不爱的人，婚后也爱不上。

总有些女人，到了结婚年纪，却总找不到可以相爱的男人。虽然，那些她不爱的男人中也不乏条件合适的人。

于是她们苦恼：到了必须要结婚的年纪，该不该找个自己不爱的、甚至是有点讨厌的男人结婚呢？

这里可以断然给出答案：可以找一个有感情但没物质的男人一起慢慢培养钱财，但不要去找个有物质但无感情的男人一起慢慢培养感情。

要知道，人的一生中，不是所有感情都培养得出来的。

有些感情，可以熬出来。比如，跟一个虽然没有激情之爱、但却有细水温情的男人。

有些感情，熬也熬不出来。比如，跟一个你不仅不爱、甚至讨厌的男人。

　　一个女人，要想对男人慢慢生出爱情，至少，从一开始，他身上就该有点吸引她的东西。同样，一个从一开始就让你倒胃口的男人，日子久了，只会让你搜肠刮肚吐到想死！

　　有些男女，天生气场不和，即便同床共枕一百年，也是怨偶一对。

　　不合适的恋爱就不要开始，不合适的婚姻不如趁早结束。

　　常常走到人生半路，女人总算能活明白了："我要的，仅仅是幸福。"

　　可那时，看看身边那位怨侣，你会知道，幸福的路上，你一开始就走了岔路。

　　熬得出来的是资历。

　　熬不出来的是爱情。

　　当父母再对你说："感情可以熬出来。"

　　别着急承认，也别着急否认。先想想，那个人，值不值得你去熬……

　　　　女人的拒绝，是为了进一步赢得爱情。

　　　　男人的拒绝，说明他有位泼悍的老婆。

拒绝的诀窍

　　我们经常看到一些马拉松式的追求与被追求。

　　有的女孩说："他追了我两年半。我一直没答应，他就一直追。"

　　有的男孩说："我从中学一直追她追到大学，又从大学追到大学毕业，这么多年下来我始终没放弃。"

女人会羡慕那女孩:"真够幸福的!"

但男人只会讥讽那男孩:"傻不傻呀!"

那男孩不傻,敢花几年的时间去反反复复追一个老拒绝自己的女孩,是因为看懂了她眼里的暧昧。

那女孩更不傻,虽然拒绝做他的女朋友,但她的眼神始终没离开他的人他的身。

那些马拉松式的追与被追,说到底,是男女间的另一种恋爱形式。

最妙的是这个漫长过程:你觉得,一样东西没扎扎实实拿到手里,感觉总是不爽朗。可你不知道,爱情这物件,就只有还没切切实实到手的那段光景,感觉才最过瘾。

名义上他们此刻没有明确恋人的关系,但实际上,自始至终,他们一直在用这种独特的暧昧谈着自己的恋爱。

生活中,每个女人都渴望修炼出这么一套招数。

常常有些女孩,在拒绝了对方之后,立马言悔:"我其实也没真想拒绝他,只是觉得刚刚认识不久就一口答应交往,有点太不慎重了。我的拒绝是希望能先保持一段距离,仔细考察一下他。可没想到,他竟然真的一去不回头了!"

傻丫头哟!

拒绝,可以让他听到。

但爱意,一定要让他看到。

当一个男人问你:"做我女友好不好?"

女孩子不要为了躲羞,而轻易在手机上摁下"不行"。

至少,当面说吧。

唯有面对面,眼波流转出来的绵软,会让男人再接再厉。

分手时，女人一定要"干脆"。

女人越干脆，男人才会越拖泥带水。

如何在他心里装满你的影子

当男人向你求爱时，别问："为什么爱我？"

同样，当男人向你提分手时，别问："为什么不爱我？"

你不可能得到真实的答案。

因为，大多数情况下，他也回答不上来。

女人爱上一个男人的理由会有千万条，男人爱上一个女人的理由可能一条也无。

女人恋爱的理由可能很简单，男人恋爱的理由永远比女人更简单。

当一个男人对你说"爱"，若能口若悬河地扯上一大堆"爱的理由"，那只充分说明，他想讨你的欢心。这一套套的漂亮说辞已经过事先演练，听完后，你不必心跳过速。

当男人变得理智，理智地跟你说"再见"。

这时的你，更不要再试图打探他内心中的真实了。

当一个男人不再介意对女人说狠话，这一击给你的伤，够你疼上良久。

很多女人失恋了，不是疼在失去，而是疼在分别的那一刻。

那一刻她知道了真相："我一直以为他奉我为女神，原来，他眼中，我连女仆也不如！"

女人，要强迫自己不问"为什么"。

分手时，表现越干脆的女人，越容易赢得男人的眷恋。

既然注定失去他，那么，至少，让他的心中刻下你的影子吧。

有些爱情，是败给时间。

有些爱情，是败给欲望。尤其，当女人的自身条件优于男人时。

为何好条件的女人易被甩?

曾经有部电影风靡一时:《我的野蛮女友》。

片中，女友刁蛮且有小暴力，男友憨厚且耐力超凡。

不少女孩说:"这部电影是个童话，生活中哪有那么好脾气的男人!"

这话倒也不尽然。

这是个真理:恋爱让男人更像女人、女人更像男人。热恋时，男性会变得更温柔多情，女性则会变得更野蛮奔放。

可见，真正爱上了，女人会跋扈，男人会乖顺。

但，女人永远希望，恋人在自己面前能更听话更乖顺。

尤其，是那些自诩条件不错的女孩子。

她们会说:"我就是要找个条件稍稍不如自己的男朋友，这样他才能听话，才能宠我，才能总是屁颠屁颠地来讨好我!"

这些女孩，有着稚嫩的世故:总觉得，恋爱中，条件稍弱的一方，一定也是全面去付出、去讨好对方的人。

也于是，那些任性的女孩，总以为发着小脾气、闹着小情绪，看他屁颠屁颠地来讨好自己，就自信恋爱一切无忧。

　　恰恰，隐患由此而生。

　　从表面上来，这样的恋爱自始至终，是女人占据主动权。但实际上，恰恰是这样的恋爱模式中，真正的主动权掌握在男人手里。因为从头到尾，是他在努力，是他在付出，是他在安排恋爱中的一切事宜。如果哪一天，他忽然间累了，那么，这段恋爱也就到此终止了！

　　是她们没搞清楚，有时候，占据恋爱优势地位的诀窍也在于：多付出一点。

　　在那些男人的单方面付出中，女孩总会习惯了依赖了。

　　于是当他累了、撤了，她就没辙了。

　　可是没办法，她很难拴住他，谁让整场恋爱，她始终没能让他对她形成习惯和依赖！

　　所以，那些聪明且让人离不开的女孩，懂得在男友工作不顺、心情不好的时候去陪伴他、鼓励他，让他感觉到她的分量。她能让他明白：他的人生中，她不可或缺。

　　也唯独这些有"分量"的女人，可以自始至终赢得男人的宠爱。

　　这世上，不是只有最优秀的男人才有甩女人的权利，那些被你所轻视的男人，也会干这样的事儿！

　　没有男人会真正死心塌地于一个瞧不起他的女人。

　　当你觉得时刻可以甩他之时，也许，离你被甩，也就不远了。

不要听男人说的。

要看男人做的。

男人的话该信多少?

当他对你说:"我对你有感觉。"

先别激动。

男人,对女人的感觉有很多种。恋爱的心动,欲望的冲动。

有些时候,连男人也分不清是心动还是冲动。

当他对你说:"我会娶你的。"

先别脑昏。

如果接下来你没上他的床,他还肯坚持这么说,那才算是真话。

很多时候,男人对婚姻的承诺,只是一种急迫下的泡妞手段。

当他对你说:"我需要一段时间冷静下。"

不要再指望。

男人的冷静,等同于对爱的告别。如果真的希望继续,他才不在乎冷静不冷静。

男人其实比女人更爱惜面子,爱惜自己的面子,也爱惜她的面子。若想好说好散,最好在大家撕破面子前放手。

当他对你说:"我最近工作太忙。"

先收收手。

男人开始拒绝女人的约会要求,不代表准备分手。也许他仅仅是对热恋的滋味有点腻了。

拴住男人的方法,是别拴着他。如果一路紧追下去,迟早要把他逼跑。

当他对你说："你要学会独立，没有我也会有更好的男人照顾你。"

自己承担自己吧。

男人说这话，也代表他真没打算把女人当成"唯一"。一个真正有爱的男人，不论有钱没钱、真优秀还是假优秀，只会在心里希望你这辈子永远遇不上更好的对方。

一个男人，不会嫉妒，也就不会爱。

当他对你说："我对老婆，只有责任，没有感情。"

姑娘要小心了。

别只听懂了他的后半句，而想当然，觉得没有感情的夫妻，一定没法长久。

更得要知道，一个男人，对女人有责任，才是最终极的感情、最持久的爱⋯⋯

我承认，我是个情商不高的女孩。

因为你曾经说过，"一颗真心对人，不见得都能换来等量的真心。真心换真心，是需要情商做媒介的。"

我就是如此，明明付出了真心，可对方全觉得我是假意。

唉，我想，这是世界对我这个善良女孩最大的讽刺吧。

公司里，我常常被当成同事们茶余饭后的谈资。他们乐于拿我的"一根筋"做消遣。

朋友圈里，大家很难做到对我敞开心扉。她们常常讽我"口不择言"。

父母心中，我也不如姐姐受宠。他们总觉得小女儿没有大女儿那么"乖巧懂事"。

……

我似乎成了一个被世界抛弃的女孩。明明，我有去爱的想法，但往往，对方接收到的信号，却是截然相反的概念。

也许，这都是"情商"惹的祸吧。

可是，谁又能告诉我：情商到底是怎么得来的呢？

——迷惑

做女人，可以不聪明。

做女人，却要有智慧。

智慧是一种征服别人情绪的能力。

情商不高的女孩，那就多学点"察情训练"吧。

要知道，征服别人的心，先从正确体察别人的情绪开始。

——苏芩

第6章

女人关系学——情商是悟出来的

"关系"，是个听起来有些暧昧的词儿。这个词，跟谁都有关系。

关系，在现代社会，是个必须得天天挂在嘴边的词儿。

男人更关注的是做事的目的，以及大群体的关系。而女人，则更关注人与人之间的关系。

所以，男人搞关系，是为了摆平世界。女人搞关系，是为了搞定一个接一个的"人"。

一个能用关系摆平世界的男人，女人看来就是魅力。

一个能用关系摆平男人的女人，没有男人能逃得了她的魔力。

关系。各式各样的关系。纷繁复杂的人际。

男人看来，这是立身之本。

女人看来，这是一团乱麻。

但其实，女人比男人更依赖于"关系"。

男人靠"关系"来做事，女人靠"关系"来做人。

男人只想从"各种关系"中找到各种做事的门路。

女人却想从"各种关系"中发掘各种新的感情。

男人不在乎为利益交际，但女人普遍排斥"目的性关系"。

一个人，为了某种目的而与她交往，她心里，会有很深很深的厌恶感。不论这份"关系"是不是正在令她喜笑颜开，罪恶感总会如影随形。

一个人，为了某种目的而与他交往，他心里，会先掂量看看，这份"关系"能不能讨他欢心或带来好处。如果能，那试着保持联系也不错。

男人，拥有快乐就好；女人，光拥有快乐，她其实也不会真快乐。

因为，女人永远比男人，更注重亲密的关系。

所以，她便希望，这份亲密关系，能带给她更多真正的"亲密"。

女人总希望能够借由一个男人，建立起自己与这个世界的所有联系。她只需躲在他的身后，一切难题皆可迎刃而解。

她需要从一切"关系"中获益。她不需要为这一切的关系，承担心理压力。

换言之，女人即便做人做事有目的，但也总想着，能找个由头，让一切的"目的"纯洁化。

所以，女人常常被指责"虚伪"，莫不是因为，她捡了芝麻也不想丢了西瓜。

只是，关系，能够带给你快乐，就一定会带给你不快乐。

如果你一定只肯接受快乐，那你会更加不快乐。

所有"快乐的关系"，首先，你都要先认清楚，它的阴影背面。

　　有些秘密，越分享越亲密。

　　有些秘密，注定只能独享。

不能不说的秘密

　　一个狂热的高尔夫爱好者，球总是打不进洞。于是他便求上帝开恩，只要能够一杆进洞，他愿意付出任何代价。

　　上帝答应了，只有一个要求：这件事，不能告诉任何人。

　　于是，无人的高尔夫草坪上，这个人挥球一杆进洞。欣喜若狂。

　　但上帝心里想：这么美的事情，却不能讲出来。随后你就会明白有多折磨！

　　……

　　这就是秘密。

　　秘密是个奇怪的东西。

　　两个已然很熟的人，分享秘密，可以让交情更进一步。

　　两个不是特别熟的人，知晓了对方不愿示人的秘密，从此最好做一对陌路人。

　　当然，每个人的周围，总有些众人皆知的秘密。

　　常常，有人告诉我："跟你说个秘密，我只告诉你啊！"

　　我重重地点头，保证严守秘密。可是不久后发现，周围所有人的嘴巴里都开始悄悄嘀咕起同一件事来。这才猛然发现，原来，我获得的那个秘密，只是个复印件。

　　心理学家发现：越是秘密，人们越有倾诉的欲望。

　　有了秘密而不能说，这是对一个人最深度的折磨。

任何一个普通人，都不可能真正藏得住秘密。

秘密，是种心理负担。藏得越久，对人身越是有伤害。

人性如此，得到了绝密消息，总是会产生"传出去"的冲动。秘密若是不能分享，便失去了它的价值。一个人，若真有不想公开的秘密，唯一的办法，就只有管牢自己的嘴。

常常，有些女人对朋友说："我告诉你一个秘密，你千万别跟别人讲！"

不必过分当真。

就当成个故事来听好了。通常，一个人说出这句话，就意味着，她已准备好做这个信息的传导员了。采用这种说话方式，只是为了增加消息的可靠性和独一性。

秘密，说了一次，就有第二次。

看一个人，要看他眼里有什么。

一个人的眼，能看出太多的东西。

如何判断"潜力男"？

很多人，总来讨教识人之术："如何看得出眼前这个人，将来会不会有潜力？"

听起来似乎很抽象的一个问题。

但实际回答起来并不太难。我每每会告诉对方："一个有本事的人，不会太多事。"

生活中，总有些看起来似乎很有本事的人。当然，他们的本事，在于他们很多事。走到哪里，他都有他的热闹，一屋子人跟着他鸡飞狗跳。这样的人，是非不断，麻烦不绝。看起来每天都很忙，每日每日，像个要人般穿梭于各种麻烦之间。一点小亏也不肯吃。所以，也就屡屡吃大亏。

当走进一个陌生的环境里，只扫一眼，如何能找出那个有潜力的人？

一定一定，是那个没有格外关注你的人。

一个人的关注点，决定了他的格局。

一个人关注多大的事，便也能够做成多大的事。

小事儿看得太多管得太多，人会变得小器。

格局，决定人生的走向。

天天精于计较细节的人，永远也就只有那一肚子的鸡零狗碎。

人的精力都是有限的，顾了细琐，自然就错失了全局。

一个是非不断的人，你要离他远点。

说得善良点，是别给自己找麻烦。

说得功利点，他也不会有大出息。

一句话：有大志向的人无小是非。

女人爱看八卦，最爱的一个词是"有贵人相助"。

其实，真正的"关系体系"中，没有帮助，只有互助。

如何让"贵人"来敲你的门？

一次活动中，一个女孩问："如何才能遇上贵人？"

最好的办法当然是：做好你自己，让贵人来敲你的门。

刘备三顾茅庐请孔明。

你以为就单单因为诸葛亮是刘备的贵人？

当然不是。诸葛亮，作为一个待业青年，刘备其实才是他真正的贵人。

孔明有本事，有本事的人即便敢端大架子、敢提高要求，贵人们也愿意堵上门来赔小心。

这才是世故人情。

你自己有本事，"关系"自然会来找你。

你自己没本事，你找"关系"，"关系"也不理你。

所谓"贵人"，总在寻找合适的投资对象——注意，是"投资对象"，而非"救济对象"。他们的"帮助"总是有价格的，是需要获得投资回报的。

总有些人会抱怨：这个世界上，穷人总是越穷，富人总会越富。

不单是因为分配不公平。穷，也许是因为，你欠了一份竞争力。

大家总爱把"关系体系"想得那么神秘。

那是在为自己的不成功开脱罪责。

把责任推到"贵人"身上，小百姓的心理，会平衡许多。

当然，别以为功成名就、路遇伯乐就单是男人的事儿。其实女人心里比男人更渴望伯乐的提携。

女人总希望能有人来帮助自己改变一切困境。

但实际上，这世上，没有人真正能帮你改变人生。

小困难，可以寻求援助。真遇上大困境，求人不如求己。

人要明白一件事：越往上游走，愿意帮你的人越少。

之前，你的普通对他人无威胁。大家乐得做好人。

如今，你的成功时刻让人如坐针毡。众人开始全力提防。

所以，凡人求人帮忙，贵人只找人合作，是因为他明白了：没人能真正帮他。

那些人还在踌躇："你说我该不该开口向他求援？"

如果，你不能为对方想出获利的理由，干脆免开尊口。

贵人，只能合作，不要乞求。

爱可以征服那些有钱的女人。

钱可以打败一个有爱的男人。

初恋时的"钱关系"

初恋时，女人总会有点圣女情结，总怕自己的爱沾上太多物质的味道。她觉得自己有义务有责任为这爱的纯洁性负责到底。

初恋时，男人是一半成熟一半稚嫩，既绅士又真实，既要为女友掏腰包，又要告诉她，自己这包掏得好贵啊！

经历过几次恋爱，男人女人不会再这么"圣男""圣女"。当一个男人的口袋越来越紧，当一个女人的胃口越来越大，这说明，他和她，都已不再是初恋。

恋爱让人学会的，不仅仅是经验，也是自私。

初恋时，女人对男人，可爱如女、慈爱如母。既心疼他的钱，也心疼自己的浪漫。想要更好，又怕下一个不会更好。矛盾的心思，初恋女孩子最多最纠结。

常有女孩子说："他好小气，每次买东西都会喊'贵'。不过，即便'喊贵'，也还是会给我买，每次都要争着替我买单。"

是啊，在女人看来这样的男人真小家子气。但要知道，一个没钱还爱充大款的男人其实更可怕。"穷大方"的男人往往是抱有极强的目的性，最容易事前一套事后一套。一旦与女友关系稳定，穷大方的男人，变脸速度会是极快的！

一个会为花钱喊"贵"的男人，也许是不够大气的，但至少，他是真实的。与一个真实的男人谈恋爱，分分合合，他都会给你一个清晰的账目，不会让你暗处吃亏。这是这个穷小子能给你的唯一保障。

初恋时，男人普遍很难给女人最良好的印象。切切实实，他没钱。

当一个男人在起步阶段，别急着给他打个终身标签。不久的将来，你便会亲眼看到他一天一天发生的变化。

爱情，可以败给时间。但初恋，永远只败给欲望。

初恋时，没有男人能给你更多更好。

初恋男人唯一能给你的，是一生的记忆。

> 接受一个人，先要接受他的短板。
>
> 这是每一个女人，必须强迫自己接受的伤痕命题。

婚姻，求互补还是求相似？

"关于未来伴侣，你愿意选择一个跟自己相近似的人，还是选择一个跟自己有反差性的人？这两者，哪一种能更保障婚姻的稳定性？"

其实，这个问题的答案并不重要，重要的是，透过这个问题的答案，能看出一个人内心对"自己"的真实态度。

如果总体上你对自己是满意的，你喜欢自己目前的状态，那么通常会跟一个同样喜欢你的人结为伴侣，而这个伴侣，往往跟你存在更多的共性。

如果你并不满意自己，对自己目前的处境总抱有纠结感，便更有可能去喜欢、去追求一个与你有差异性的对象。这说明，你渴望改变。

多数心理学家都认为：寻找相似的伴侣，是人的共性。相比于漂亮的伴侣，人更渴望获得一个相似的伴侣。

在现实生活中，女人，也大都想找一个跟自己更为近似的伴侣。

浅层次说，这是因为女人无时无刻不关注精神上的沟通。

深层次说，这是女人本性中普遍的自恋情结。因为爱自己，所以也爱与自己相似的人。

其实婚姻是需要互补的。

但女人的问题是：可以欣然接受，自己身上的劣势是男人身上的优势；但绝对不能接受，自己身上的优势是男人身上的劣势。

那么多人偏偏把"互补的婚姻"弄得一团糟。因为，"互补"两个字，到了他们那里，变了味道。

他们心中对"互补"的要求是：

我有的，他（她）要有。——这是前提。

我没有的，他（她）更要有。——这才是互补。

到了他们这里，互补不再是取长补短，而是要全方位地赶超自己。

只是，当"互补"演变成了这个概念，"补"不如"不补"。一个不肯于对方借长的人，谁也补不了他的短。

　　想要得到一个人，最好的办法就是：让自己属于他。

爱，先要接受被占有

一提到爱，你会想到什么？

很多人会立刻想到一个词：嫉妒。

没错，爱，首先是一种占有。

当今的恋爱类型，主要分为：游戏之爱，友谊之爱，现实之爱，浪漫之爱，利他之爱，占有之爱。

游戏之爱，是寻欢作乐。

友谊之爱，是所谓的日久生情，由友谊而发展起来的爱情。

现实之爱，是遵循门当户对原则。

浪漫之爱，是一见钟情式的瞬间过电。

利他之爱，是讲奉献，为对方甘愿付出一切。

占有之爱，是有独占欲的，排他，会因恋爱中的一切小细节而烦恼和嫉妒。

这六种类型中，占有之爱是爱的最主流形势。

男人女人对占有之爱都持较为肯定的态度。

占有，是我们对爱的要求。

被占有，是我们对爱必须承担的责任。

爱上一个人，首先要接受被占有。其次，才是，你占有了他（她）。

女人爱交男朋友，女人更爱交男性朋友。

前者让她看起来像个女人。后者让她看起来像个抢手的女人。

该不该有"异性友情"

女人会犹疑于一个问题：男女间可不可以有友情？

男人从不犹疑于这个问题：如果不是为了那点"性别便利"，男性朋友跟女性朋友有什么区别？！

女人普遍愿意跟男人做朋友，因为男人不需要跟她攀比谁更美、谁的男友更有钱。

男人普遍难以跟女人做朋友，因为聊起足球和股票，她会打瞌睡。

女人若是不喜欢一个男人，会跟他说："我们就做朋友吧。"

反正女人心里想：存钱不如存男人，有个把倾慕者，可备应急之需。

男人若是不喜欢一个女人，懒得跟她做朋友。

当然，若是他真正喜欢的女人，那就绝不会仅仅满足于跟她做朋友。

所以，男人女人之间的友情，通常情况下，是越界的前奏。

很多女人觉得，把哥们儿发展成恋人，比较踏实可靠。

可事实是，之前的友谊，一旦变奏成爱情，却全不是之前的滋味了。

男女之间，一旦结成了情侣关系，便不会再有信任。

她逼他发誓，他要她承诺，翻手机，查 QQ……净做些对手间才做的事情。

没有人会真正地信任情人。爱情关系，是引发"猜忌"最多的感情关系。

即便有那些海誓山盟，但谁都知道，充其量都是些永远也实现不了的动人谎言。

所以，女人需要男人天天向她承诺。因为，仅仅隔了一天，她便觉得，那"承诺"，听上去已然太假。

感情的世界里，最激荡的情，也最不让人安心。

既想安全又想激情——这样的好事儿，男女之间不存在。

有些人，你本该恨他，却爱他。

有些人，你本该爱他，却恨他。

其中的分别在于：他满足了你的欲望，还是仅仅给了你健康？

"对你好"不如"为你好"

"一个男人，怎样才是真好？"

不少女人常常问这个问题。

大多数经过点感情历练的女人，沉吟片刻，会给出个答案："至少，他要对我好……"

可是，一个男人，对你好，不如，为你好。

虽然只一字之差，但中间的意思，却有如天壤之别。

对你好，是宠，满足你的愿望，纵容你的撒娇。他会乖乖地讨好你，让你觉得自己像个恋爱公主。

为你好，是爱，他不会满足你所有的要求，他会有选择地限制你的欲望。他会还你一个生活的真实性，他能够帮你树立良性的恋爱方式。

虽然，跟前者比起来，他不那么浪漫，似乎，也不那么疼你，但是，他能让你踏踏实实领会生活的道理。

一个能让女人从地面飘上云端的男人，不稀罕，热恋中的男人谁都有几手绝招。但只要是"宠"，也常有到头的时候。当"宠爱"到了期限，他的心也会迅速变质。

只有那个能用良性手段，让女人从云端再慢慢走回地面的男人，才称得上是"真为你好"。

有女人会问："如何判定一个男人是'对我好'还是'为我好'？"

他也许会跟你讲些你不爱听的道理，但你也不得不承认：那些道理，很真实，很有用。

遇事他会小打击你一下。在你气鼓鼓的同时，也得认同：这些打击，是提前给你的预防针。

一个对你好的男人，不会时时都让你"快乐"，但他能把快乐的时效延长。

面对一个为自己好的男人，女人却往往舍不下身边那个对自己好的男人。

如果，一个男人，能对你好上一辈子，那么也算，他是为你好的。

一个对你好的男人，最有可能，只是你生命中的一位过客。

但那个为你好的男人，想办法留住他吧。

男人总有两面，一面留给家里的太太，一面留给家外的女人。

评判一个男人之前，女人首先要确定自己的位置。

看透对方最真实的那一面

一个衣着光鲜的男人说明了什么？

不光说明了他的品位。也许，是他有位有品位的太太。

一个衣着光鲜的女人说明了什么？

不光说明了她懂审美。也许，她正急需一位能欣赏她的男友。

是啊。

一个收拾得浑身上下无一点瑕疵的男人，一定拥有面面俱到的完美，包括拥有一位完美的太太。

一个打扮得浑身上下无一点瑕疵的女人，完美之中一定有那么一点不完美，那就是，她正需要用美丽来吸引异性的关注。

但是，遇到美的东西，女人只会看，不会想。

她觉得美是一个人的全部，但她忽略了，男人女人的美，总是有原因的。

女人常常说：我不要受伤害。

但实际上，伤害她的，不是别人，只是她的眼睛。

她相信自己的眼睛，于是常常被自己的眼睛所蒙骗。

广告上讲：美丽，不止一面。

同样，真相，也不仅止一面。

它有它的真实，也有它的无奈。

有些东西，看到，不能当真。

有些友谊，靠的是情义。

更多友谊，情义之外还得有点"脾气"。

"死党"有秘诀

看台湾小说，常看到一个词：死党。

古文中注释：死党，尽死力于朋党也。

而今，死党，专指挚交好友，大家常说的"哥们儿""姐们儿"。

只是，听遍了"我兄弟""我姐妹""我闺蜜"……之后，还是觉得：死党，真是个让人听着惊心动魄的词汇。一份跟生死牵上关系的交情，才真够味！

但是，能交到死党，靠的什么？

很简单：好心肠加一点坏脾气。

总听不少女孩讲："我那个好姐妹脾气真是糟糕，动不动就教训我！连我父母都未曾这么板着脸跟我讲话！真觉得委屈。"

但是问她："那为何不与她绝交？"

她也会吓一跳："绝交？！没那么严重吧！虽然脾气坏一点，但我知道她是真的好心为我。"

瞧见了吧，中国人都认为"良药苦口"，一个能让你苦口的朋友，才不会让你苦心。

很多人总觉得坏脾气的人都没朋友，可去现实中看看，恰恰相反，反而是那些好好先生们乏人问津。

因为，愤怒有时是解决问题的良方。

当你不满意，要懂得大声说出来。

当然，这里的"坏脾气"不是真正的飞扬跋扈。要坦白说出你生气的缘由，就事论事，而不是故意找茬儿发脾气。

只懂得微笑的人，交不到"死党"。

在交友的范畴里，永远永远，对方希望看到你真实的一面。

你的愤怒你的坏脾气你的忍无可忍，在对方眼里，是你的底线。

一个能让人看清"底线"的人，对方才能放心地与你交往。

回到男人女人的问题上，男人间的友谊比女人间的友谊更可靠。往往就是因为，男人间会用更坦白的方式去对话。

男人有了不满，会干脆讲出来。小肚鸡肠的不是大男人。故而友谊可天长地久。

女人有了不满，一定会克制，觉得小不忍则乱大谋。反而真情谊越来越稀薄。

男人间的友谊更结实，那是因为男人的心理结构更单纯。

当你生气时，不要总想着克制，大声对她（他）说："喂，我很生气！"

没准儿，这就是你们交情的开端。

爱不是感觉，爱是一种能力，需要学习和培养。

其中的技巧，融会在交往的每一点滴之中。

视线的高低决定地位的高低

相亲时，每个人的终极理想是盼望一个"一见钟情"。

一眼摆平战局，一眼定下终身！

可是，你知道吗?

你这第一眼能不能让对方"钟情"，取决于你视线的投放位置。

第一眼的对视，你知道该把"眼睛"放在哪里吗?

有这样的调查，两个人面对面时，看着对方身上的不同部位，给人的感觉也不尽相同。

而以下四个部位，则是最失败的视线落点：

一、视线紧盯着对方的眼睛。直视对方的视线，是自信的象征。但若自始至终紧追着对方的视线，就会给人以轻佻的挑逗感。就如同花花公子调情时，总是紧盯着对面的异性，不放掉她眼中的任何一丝情绪。对方会被他看得脸红，紧张难安。与此同时，心里也难免会有不信赖感！

二、视线放在对方的胸部位置。这最容易给人以不安全感。似乎，那是你在窥探对方的秘密。这种被窥伺感，会让对方产生极强烈的疑虑感。

三、视线放在对方的脚部位置。这是最容易给人留下坏印象的视线法则。容易让人觉得你傲慢自大、目中无人。

四、视线不断徘徊在对方的周围。通常，这是一个害羞的人。也通常，这会给对方留下冷淡漠视的印象。

说了这么多不好的，那么，眼睛放在哪儿，最能够赢得对方的好感呢？

概而言之，视线应该落在对方的全身，这给人以舒适的开阔感。

有数据统计，发现：其实女人比男人更容易做到这一点。也就是说，男人相比于女人，更爱盯着对方的眼睛。

于是不难理解，同样是初次见面，女人为何比男人更容易给人留下良好的感官印象。

总有些个性内向之人，常爱说："一见面，眼睛都不知道该往哪儿放！"

不要这样说！

要知道，男女之间的关系，有些时候，眼神的位置，就决定着你在对方心中的位置！

善于"说服"的人，让对方答应自己的要求。

最善于"说服"的人，让对方感恩戴德地答应自己的要求。

一流的说客善于说"NO"！

说服一个人，人们会认为，那是拼口才的事儿！

诸葛亮舌战群儒，靠的是高智商，更是好口才！

但其实，说服一个人，靠的也是谋略。

从道理上来讲，女人比男人更擅长"说服"。

女人天生具有更丰富的感情属性和更优秀的语言表达能力。

同时，女人懂得变换着方法提要求，让男人那句"好的"，无可躲匿！

因为，关键时刻，女人比男人懂得"让步"。

女人说："我要你这个节日假期整个儿地陪我，而不是跟你那帮狐朋狗友大吃大喝！"

男人拒绝："那怎么行！我们几个月前就约好了要聚的！"

女人泫然欲泣。

男人架不住眼泪攻势，说："好吧好吧，你再提其他要求，别的我一定答应！"

女人委委屈屈地说："那好吧，要不你就这周末先陪我过节，陪我逛街吃东西。"

男人虽然最讨厌陪太太逛街，但无奈下也只好答应："好好好，都听你的！"

女人说："同事小龄的蜜月是欧洲七日游。可我的蜜月，连游都没游。不行，你得给我补上！"

男人立马心惊："咱们房贷刚刚还清，哪来的资费游欧洲？！"

女人叹口气："行了行了，知道你钱紧。我这辈子也不指望欧洲游了，就想着夏天能吹吹海风就够舒服啦！"

男人马上拍胸脯："老婆你说，想去三亚还是大连，我立马去订票！"

且这男人的脸上还会挂着满足的笑："幸亏答应得够快，就一趟国内游就搞定了。否则老婆真闹腾起来要出国再度蜜月，家庭财政还不入不敷出啊！"

但其实，女人会偷笑："小样儿，以为我真想去欧洲哪！要不诈唬诈唬你，连海边也不陪我去！"

让步，其实是一种说服。

先提一个假要求，稍带点过分，料到了要遭他拒绝。不过没关系，被拒绝后，再提出你心底真正的要求，基本上，就会得到满足。

因为，人都好面子。尤其好面子的人，更怕不给对方面子。拒绝了一次，同一时刻，他实在没有勇气再拒绝第二回。

当然，有些男人也聪明。

女人提要求，他一开始抵死拒绝，后来终于"架不住"她的哭哭闹闹，只好让步。

妙就妙在这个过程。

不是说这个女人的要求有多离谱多不近人情，而是，一口答应下来的礼物，总让对方少了几分心理满足。

因为有让步，才满足了他（她）的虚荣。

付出了，总得收回增值的回报。而这个回报，就是对方的感激感动。

那些女人们，想要得他感激，千万不要什么事都一口答应。

要懂得，先拒绝，再让步。

每个女人都有闺蜜。

每个闺蜜都有点与众不同的小脾性。

但最最不讨人喜欢的闺蜜，却总有着最强的控制欲。

做个能控制局面的闺蜜

很多女人的一生，常会遇到这样两种闺蜜。

第一类闺蜜。她愿意把你当成朋友，且为你两肋插刀。但前提是，她觉得你不如她，在你身上，她能找到那种"一览众山小"的满足感。

第二类闺蜜。她愿意把你当成朋友，因为她希望你能为她两肋插刀。她不在乎比你强还是比你差，关键是她能从你身上得到切切实实的利益。

所以：

第一类闺蜜，惯爱打击和挑剔姐妹。在你最快乐的时候，无一例外会一盆冷水浇下来。当然，你要相信，她的最终目的，绝不是为了要让你"更上一层楼"。最根本的，她是希望借这个过程来炫一炫自己的优越感。不然你试试看，若哪天你变得更美了，事业更优秀了，换了更款更帅的男朋友了……她对你的友谊，会变味的。

这类闺蜜，只能共苦。

第二类闺蜜，惯爱诉苦和寻求保护。即便在你最困难的时候，她也有能力让你相信，她比你更无助、更需要帮助。一旦她的要求受到你的拒绝，相信，你们的友谊也会一天淡似一天的。

这类闺蜜，只能同甘。

从心理层面看：

第一类闺蜜，是典型的性情人。有点仗义，有点骄纵，有点大姐派头，但过于个人主义，太追求众星捧月的感觉。她希望周围一切人能够受她庇护，也愿意去庇护你。前提是，你不要奢望与她抗衡。她不是坏人，却是折磨人的人。她天真霸道地希望周围姐妹们的一切，都能够按照她的意愿发展。过强的控制欲让她越发自恋。

第二类闺蜜，截然相反。她需要被庇护，需要被帮助。甚至，她也天真霸道地认为，自己的可爱，可以获得所有人的爱。这类女孩子，有些自私。别人的付出，往往换不回她的感恩。她的心底里，"朋友"的作用等同于"父母"。

这是全天下最霸道的两种闺蜜。也是全天下女人或多或少都会有的一点毛病。

女人，对身边的一切人一切事，都多多少少有点控制欲。

但是，受欢迎的女人们都知道：不想着去控制别人，你才能控制友谊的局面。

婚姻的入门资质：勇气＋耐心＋技巧。

稳定婚姻关系靠什么

很多人好奇于那些稳定的婚姻关系到底是如何维持的。

要知道，一个人会不会离婚，要看他（她）是跟谁结婚。

符合下列条件的男女，通常，离婚率要低很多：

20 岁后才结婚

在稳定和睦的双亲家庭中长大

结婚前经历了长时间的恋爱磨合期

教育背景相似

双方都有稳定且能保障生活的收入

居住在中小型城市

没有经历过婚前同居

彼此有过不断的承诺

年龄相近

激情之爱，虽然刺激人心，但从长久的婚姻角度来看，唯有那些背景相似、兴趣相近、价值观趋同的男女，才更有可能，维持更长久更踏实的婚姻状况。

激情，能激发你的状态，但激情，不是生活的常态。

可爱的女人，都是天使的模样。

有本事的女人，都受过魔鬼的调教。

有本事的女人都有位"另类老师"

每个女人，都有跟"魔鬼"打交道的经历。

遇上魔鬼老板，被迫付出了一天八小时之外的时间和快乐。

遇上魔鬼同伴，令人愤恨地被坑骗了个干净利索。

遇上魔鬼男友，无奈被剥夺了一个女人所希求的一切恋爱乐趣。

……

遇上"魔鬼"的经历，当然，不快乐。

但遇上过"魔鬼"的女人，却常常说这样的话："哼哼，今后谁想骗我，可难喽！"

魔鬼，是人生最好的老师。

天使老师教会你的，是爱。

但魔鬼老师教会你的，是爱背后的种种真相和手段。

天使给了你希望，魔鬼告知了你真相。

唯有跟魔鬼合作，你才能真正成长。

永远跟天使打交道，你便永远只是会做梦的小女孩。

总有些成功一族说："既然我们有条件，干吗要让孩子受苦受挫折。"

是啊，好生活是有捷径的。但捷径背后，也总有些无捷径可走的难题。

不是为了吃苦而去吃苦。而是，遇上了苦，你有度量把它吞下去。

遇上了魔鬼，大多女人会哭，会抱怨命运不公。

嘘。可别这么说。

有时候，魔鬼，才真是上天派来教会你成熟的"天使"。

幸福是说不出来的。

越能说得详尽琐细的幸福，永远永远，只是"幸福"的假象。

一念间的幸福决定一辈子的造化

越来越多的人被问到："幸福吗？"

他们会答："哦，幸福幸福。"

再被问："哪里幸福呢？"

……答不上来。

没问题。答不上来就对了。

要记住，但凡一个人，一条一条答得上来、且答得清楚明白的"幸福"，绝不是他真正的幸福。充其量，那是些长相貌似幸福的条件。

一位自认是幸福的妈妈，有这样一段跟邻居的对话。

她说："我老公顾家，儿子听话，公婆没病没灾，一家子和乐，这就是幸福了。"

邻人问："哦，你老公顾家，那为何他周末会去跟朋友打球钓鱼，而不是在家陪你？"

她沉默。

邻人又问："你儿子虽然听话，可他在班里排名中等，将来怕是很难考上重点高校吧？"

她又沉默。

邻人再问："你公婆虽然没病没灾，可他们明显更偏爱小儿子小儿媳，难道你们就真不知道，他们在拿着你们给的零花钱去给小儿子小儿媳买礼物吗？"

她再度沉默。

良久，她突然爆发式哭泣："我活了几十年，今天才发现，原来自己这么倒霉！"

我们生活在这世上的每一个人，都像这位"邻人"，用太细琐的"发现"去思考关于幸福的命题。你觉得这是聪明、这是细致，但太聪明太细致的人，不配拥有幸福。

皆因，幸福，永远只能以笼统的概念形式存在。一旦你一条一条去细化，它就会被吓跑。

　　幸福是个糊涂虫，想要跟它不期而遇，首先，你得有点大神经。

　　佛家云：一念成佛，一念成魔。

　　一念之间，造化大不同。

　　幸福，也是一念之间。

一直一来，我是个对自己有自信的女人。

从八岁到十八岁，我聪明好学，总是班里的尖子生。

从十八岁到二十八岁，我漂亮能干，总是异性眼中的理想女友。

随着阅历的加深，生活中、工作中，我却越来越强烈地感受到了力不从心的感觉。曾经那个敢和男人竞争的我，却时常会对整个事态全局，有失控的感觉。

近来越发如此，莫名地，会有累的感觉。

身边的朋友劝我说："做女人，不要太争强。有些事，始终是尽人力、但要听天命的。"

真的如此吗？

我一直认为，男人女人在本质上没什么区别。一个女人只要有足够的能力和干劲，也可以做到最好。

难道我的想法错了吗？

难道女人在某些方面真的是天生的弱者吗？

——思梵

有时候，女人要"认命"。

不得不承认，女人在某些方面，存在着天生的弱势。

这是造物主给予每个物种不同的特质，是我们行走这个世界，不得不面对的现实。

做一个明智的女人，不要过多地去跟自身的劣势抗争。巧妙地避开它们，人生，便会有个更为轻松的进程了。

——苏芩

第7章

女人也有劣势——避开你最不擅长的雷区

任何一个物种，都有它的劣势。

女人，当然也毫不例外地有其个性弱点。

女人普遍比男人低自尊，因为她不如他自信。

女人普遍比男人挑剔。挑剔是因为她缺乏安全感，于是希望通过这种方式让自己看起来更加有智慧。

比起男人，女人看待问题的角度更加消极，对事件后果的预测更容易走向负面。

较之于男人，女人更容易把幸福感建立在别人对她的认识上。女人的压力，不是来自于外界，而是来自于她的内心。

女人的感情化倾向，容易给异性以"性错觉"。女人的友好态度容易泛滥，屡屡会给自己带来麻烦。

女人比男人更容易以貌取人。

女人比男人更缺乏方向感，包括物理上的方向感，以及心理上的方向感。

女人比男人更容易受外界眼光的干扰。女人更容易为虚荣而生活。

女人天生悲观，一件事的正负两极，女人不自觉地会先看负面。一个人的长短两面，女人会先关注缺点那面。

女人对生活的期望值总会比男人更高。

女人在心理上总会觉得自己的相貌比实际更好。

女人比男人更不善于管理自己的情绪。

女人比男人更讨厌竞争，哪怕是公平竞争。

……

每个女人都是一个独立王国。

作为这个王国的"国王",女人都有这样一种错误的思维惯性:
想当然地认为别人拥有与我们相同的想法。

所以,女人最受不了的,是被否定、被拒绝。

只是,作为一个女人,若真想做到一生一世地被肯定被尊重,首
先,要认清劣势,控制劣势。

女人，从来不是能够拒绝诱惑的物种。

女人，甚至会用一生的时间，来追求一份诱惑带来的刺激。

一个选择，为何难坏女人？

择偶广告上说：某男，未婚，硕士学位，月薪一万，有房。

女人会说：只会罗列条件，这男人必定枯燥。

择偶广告上说：某男，爱好音乐，喜欢旅游，周末愿意去郊外亲近大自然。

女人会说：基本条件一点也无介绍，这男人对待婚姻态度不真诚。

媒人说：今天见的这位男士各方面条件都极优异。

女人会说：条件太好的男人嫁了不安全。

媒人说：今天见的这位男士各方面条件普通，就是人踏实。

女人会说：条件一般的男人嫁了不甘心。

所以，嫁于华年的女人，悔于嫁早了。

嫁于暮年的女人，悔于嫁晚了。

嫁于华年与暮年之间的女人，总疑心自己嫁错了。

女人的一生，就是一出矛盾冲突剧。

商店的女性用品柜台前，总是挤满了形形色色的女人。倒不见得她们的消费，就真的比隔壁男性用品柜台的多出多少倍，而是，让女人下定决心选择哪个，真是件难事。

女人一生最害怕的一件事是，选择。

因为，选择就意味着放弃。

这一点，女人跟男人很不同。

男人遭遇选择问题，首先会想到"获得"。

但女人遭遇选择问题，首先会想到"失去"。

女人比男人更喜欢十全十美的大团圆结局。贪多求全。

一个人的矛盾心，是因为贪婪。

女人的道理是："我贪婪，是因为我缺乏安全感。"

别总拿"安全感"说事儿。

安全感，跟一个人"获得"的多少无关。它只跟你心里到底"知足不知足"有关。

一个能让女人看清真相的男人，注定失去她。

一个能让男人看清真相的女人，她能左右他。

她为何总被"细节"打败？

想要做出有效的思考，必得先简化它们。

如果，你把一个人的资料堆积得太复杂，那永远只能曚昽地看到他的轮廓。

如果，你把一件事归结得细枝末节太多，那很难想明白它到底是怎么一回事。

人，要学会总结概念。一个善于总结概念的人，总能第一时间找出问题的关键点。

找到了症结，随后的一切，便顺理成章地容易解决了。

但女人的概念里，总是缺乏"概念"。

男人善于从一堆东西中找出对自己最有用的"一二三"条。

女人则善于把简单的"一二三"复杂成一堆堆琐细的原始资料。

男人常做"总结归因"的工作，但女人总爱做些"回归初始"的活儿。

所以女人活得总是太累心。

女人，不是做不到理性。

但无论何人，一旦开始了理性，就注定，少了梦的余地。

只是，一梦一轮回，有美梦的女人也总少不了噩梦。

谁让她总是放大细节，故意忽视枝干的存在。

有些女孩子因为恋爱把自己折磨得惨兮兮。身边那个男人，非但不可怜她，甚至咒骂她："真的是我折磨你吗？还是你故意要糟蹋自己，然后演给我看？"

女孩子愕然！

那个男人何尝不是说出了女人的本性。

女人都有表演欲，且最擅长表演夸张剧:好的，总要放大到更好；坏的，更要放大到更坏。

女人从不从整体评判恋爱，女人只爱从细节入手纠结恋爱。

女人的总结，总是在注定了输局之后才会开始。也只有让她不再有幻想的余地，她才会坦然接受理性。

只是到了这时，女人的理性，会让她悔得更深、伤得更疼。

做一个合格的女人，要有概念。

而一个女人最终的"概念"则是——愿意看清周围需要她看清的一切。

贪钱的女人容易走上歪路。

贪钱的男人则是女人的歪路。

女人都愿意容忍的那种出轨男

有个很有意思的发现：有些女人能够容忍老公的婚外恋。她的理由是："他说过，他跟那个女人在一起只是为了钱。他说他爱我，只要从那个女人身上得到他想要的，他就会回到我身边来。"

站在外人的角度来看，能说出这番话来的男人，真是功利得令人毛骨悚然。不过，作为受到背叛的一方，妻子却往往能够被这样的理由所说服。明明遇上了一个没出息的软饭男，但她反而能够忍下这口气。

原因在于：相比精神上的背叛，女人更容易原谅男人肉体上的背叛。而一个男人怀有物质目的去跟另一个女人发生关系，作为太太，虽然恨，但也有对那个"小三"的幸灾乐祸。她觉得："我老公不爱你还要去睡你，这个坏女人，活该！"

这么一想来，够解气！

可以这样说，女人心里，"爱"永远比"性"更重要。当婚姻遭遇小三、当一切事情濒临绝望，能听到男人说"我是为了钱而跟她在一起……"，就好比是女人最后的一纸赦书，让她留了一点可以做梦的余地。

这真是女人的普遍心理："一个男人人品好不好没关系，关键是他对我好就足够了！"

他对其他女人怀有目的，唯独对她怀有爱，这是女人都喜欢的故事。

所谓男人不坏，女人不爱。一个男人，对全天下坏，但对她能够"坏"中透出点"好"，这就是女人认定的"爱"。

所以，若一个男人对女人说："不爱你了，结束吧"，也许她会斩钉截铁地痛苦，但不会犹疑无助地痛苦。也许明了的答案令她心碎，但心碎过后至少可以期待再次开始。

可是，聪明又狡猾的男人偏偏不这么说。他偏要说，"跟她在一起，仅仅是为了利益"。一句话，把她架上了热锅，让她辗转不安地难受，有绝望，也有期待。这样的男人，折磨人的手段才真是一流！

但是，一个敢拿脸面当抹布的男人，追求利益的心，只会"更高更远更强"。食髓知味，一个吸过"女人血"的男人，会上瘾的。

不要总觉得，女人一生中，爱最重要。先要弄明白，什么是爱？

一个男人，对你有责任，才是真正的爱。

女人，情商得高。越漂亮的女人越得如此。

否则，一个情商不高的女人，美貌，只会误她。

"察情训练"是人生必修课

中国有个词：有眼色。

其实就是懂得察言观色。

前面已经讲过，女人比男人更善于观察对方脸上细微的表情变化，从而对对方的真情实感做出准确判断。女人比男人有眼色。

　　不过,身边很多年轻女孩子却总说:"我为什么就缺乏这种'眼色'呢? 我为什么就总是看不明白对方脸上的表情呢?"

　　是啊,察言观色,也是种经验的积累。年长的人看人,一眼便能了悟其中真相,这靠的也是积淀。

　　但那些年轻的人,不必因此灰心。察言观色的能力,也是可以通过训练获得的。

　　有这样一种察情训练法:无事时,打开电视,关掉声音只留画面,然后你去揣测其中人物的表情反应到底是什么。

　　别以为这很简单。在这种情况下,绝大多数人都很难正确区分清楚,人物脸上的愤怒和悲伤两种表情。

　　因为,人与其他生物不同的地方在于,他能够控制自己的表情。

　　现代人每日都在不自觉地控制情绪。作为一个社会化的人,人们对自己首先的要求便是:心,不能写在脸上。

　　这样做所带来的负效应也是巨大的。

　　在美国的一所表演学校有这样的课程:训练学生们与真情实感正好相反的表情。也就是说,痛苦时,偏要你表现得快乐;快乐时,非要你装得痛苦难当。

　　结果发现,经过这样训练的人,患上神经疾病的概率更大。

　　人都是如此,一旦感情和表情相悖,内心就等于失去了平衡。

　　那些极为擅长伪装的女人,总是活得格外抓狂。

　　太会演戏的人,演不出喜剧。

男人会因为挫折而悲观。

女人会因为想要悲观而悲观。

女人天生会悲观

女人虽然具有种种的天然优势，但女人的身上，同样也存在不少性别带来的劣势。

比如，谈判。

较之于男性谈判者，女性进行谈判所得的结果总要差一些。

很多时候，这源自大众对于男人女人本身的刻板印象：男人总给人更多的压迫感，女人却常常带着一定程度的友好性。虽然，面对一个强硬的谈判对象，不见得会更舒服，但明显，这份"强硬"的感觉，却给了人更迅速促成事情的决心。

也有人提出，相较男人，女人在谈判问题上的这种不同，源自于女性跟男性不同的价值观。

无可置疑，男人总是更偏爱结果。不论工作还是交友，乃至恋爱，男人无不更关注最后的结果。所以，女人抱怨自己男友的那些没情趣，正是这种男人特性所决定的。

女人比男人更关注过程。因为，女人比男人更热爱人际关系的舒适性。一家魔鬼公司，如果开出高薪，那么男人通常会尽量努力说服自己，忍受它的种种魔鬼手段。但换了女人，如果工作得不快乐，即便高薪诱人，她也总会把"辞职"日日挂在脑袋里翻来覆去。

男人天生是为了获得结果而存在，女人天生是为了理顺关系而存在。

所以，女人其实比男人更怕失去面子，因为女人生来害怕赤裸裸地被世界敌对。

尤其，在某些问题上，女人总表现出比男人悲观的态度。

虽然，男人的自信偶尔会演变成自大，但女人的冷静却常会泛滥成自卑。

女性谈判者相比于男性谈判者，总是更纠结于谈判结果。即便最终她达成的目标与男性相同，也更容易表现出比男性更多的不满意情绪。

女人天生的劣势中，有一项：悲观色彩太重。

有人说，谈判就是一场欺骗，谁能骗到最后，谁就能笑到最后。

作为女人，不仅要适当地"欺骗"对手，更需要适当地"欺骗"自己。

是啊，适时的欺骗，反而会让女人获得前所未有的轻松。

男人的谎言是为了应对危机。

女人的谎言是为了寻求慰藉。

男人爱撒谎　女人会撒谎

关于撒谎，英国近年有这样的统计数据：平均每人每天撒谎 4 次，每人每年要撒谎 1500 次。而且，有四分之三的人认为，女人比男人更擅长撒谎。

曾经大家说"男人天生爱撒谎"。现如今，这观点正开始动摇。似乎，女人要战胜男人，成为现任的"说谎大王"！

确实，很多人都认为：虽然男人爱撒谎，但是女人比男人更会撒谎。男人的谎言往往一眼能识破,但识破女人的谎言则要颇费些力气。

那是因为即便是谎言,女人也比男人更重视。一点点瞎话,女人会在心内计算良多。女人天生心细,心细之人,谎话自然也描补得更逼真。

男人谎言和女人谎言有共通点:都是为了能让自己看起来更出色。若是没了虚荣心,谎言根本无生根的土壤。

但男人谎言和女人谎言也有不同:男人谎言更倾向于解决问题,女人谎言更倾向于追求心安。

女人的谎言,很多时候是为了避免伤害。

怕伤害对方,更怕伤害自己。

因为害怕直面事实的真相,于是,谎言就成了紧要关头的一针缓冲剂。女人谎言不是为了去伤害谁,而是为了尽力去维持一种平衡状态。因为女人知道,一旦,人际中的某种平衡状态被打破,那就意味着自己身边多了公开的敌对对象。

男人都怕隐藏的对手,但女人,宁可与人暗中作对,也不要被他们公开挑战。

女人害怕全世界都与自己为敌。可以说,好男人也不介意做坏人,但即便坏女人,也希望能维持"好人"的姿态。

每个女人,都有一肚子的委屈,即便,明明是她撒谎伤了人。

但女人对自己的谎言,永远有她独特的注解。她说:"谎言是为了让我们心里能好过一些。"

结果,为了一点谎言,弄得大家都不好过。因为,撒完谎后,男人会迅速放下,但撒完谎后,女人永远都放不下。

谎言,说到底,都是自私。

为了自私才去做的事情，转到最后，永远是等量的自伤……

女人天天在减肥。

名义上是为了更受异性青睐。实则，男人根本不爱竹竿女郎。

身材和智商，同样是女人一生的难题。

文化压力让女人天天嫌自己"胖"

一些研究者调查发现：在身材问题上，女人理想的体重永远比自己当前的实际体重轻。她们认为男人喜欢的女人的体重，也永远比实际上男人喜欢的体重轻。

也就是说，女人永远希望自己更瘦一点。女人也认为男人喜欢更瘦一点的女人。实际上却并非如此。

十有八九的女人，并不完全了解男人的喜好。

十有八九的女人，却自信满满地认为自己了解男人的所有喜好。

往往，这些都是误区。

你以为男人都喜欢性感的蕾丝花边，实际上大多数男人对身着真丝蕾丝边睡衣的女人并没有特别的冲动；你以为男人对女人浑身上下散发出来的每个细节魅力都能心领神会，实际上男人对女人的着装戴帽并不特别关注；女人心目中"身材苗条"的代名词是"骨瘦如柴"，男人心目中"身材苗条"的代名词是"不过分痴肥"。

女人对"美女"的要求，永远比男人"狠"一点！

这其实也是一种社会文化压力的象征。

有这样一个有趣的调查发现：爱看电视的女人，有一半以上会觉得自己身材"太胖"。

那些常常关注各种媒体广告片的女人，更容易对自己的身材感到"失望"。

当铺天盖地的广告明星如公主般炫耀着自己的童话生活时，女人的压力，自此而始。如纸片美人一般的广告模特们，令普通女人汗颜，也令她们时时提心吊胆：自己这副尊容，实在质量低劣。不减肥不美容，还有活下去的资格吗？！

有人觉得，关注美丽是女人的乐趣。但越是关注美丽的女人越不快乐！

别人身上的"美"，是女人最大的压力。

广告商们利用女人的这种普遍心理，制造出一批批纸片美女榜样，一代代地掏光女人的口袋和健康。

女人狠狠地料理着自己的身材和容貌，努力地纠正着父母的错误。这么辛苦地日积月累下来，最终成全的，其实仅仅是那些广告商们。

女人都渴望通过婚姻而出人头地。

所以，那些对婚姻绝望的女人，

是没能遇上一个带她出人头地的男人。

"自闭"的女人最自负

有些女人，不经历一次或婚姻或恋爱的打击，永远不会长大。

尤其是那些自称有些自闭、有些梦想的女人。

婚前，遇上了喜欢的男人，不敢开口去追。因为她自闭，羞怯。

婚后，嫁给了喜欢自己的男人，她不快乐。虽然行为上服从，但心底里不肯认命。

因为自闭，她自己给自己建了房子，然后把自己反锁进去，日日只靠着做梦过日子。越是自闭的女人，越会在心中一遍一遍勾画极致的浪漫。因为没有经历过，所以加倍地给爱情添了想象的色彩。

她幻想着有个男人，可满足自己对爱情的一切幻想。与这样的男人恋爱，才觉得是爱。否则，若这男人个头矮了些，面貌黑了些，情趣少了些，那这个男人，给予她的所有感情，都不是纯正的爱情，都仅仅是变了味道的市井俗情。

自闭的女人，常爱说自己"自卑"，实际上，她内心更多的是自负。那其中，有公主的情结，有渴望出人头地的虚荣。只可惜，大多数自闭羞怯的女人只能嫁个普通男人，纵然他努力上进。

没有真正经历过爱情的跌宕起伏的女人，不适合男人娶回家里做老婆。这样的女人，必须要经历一次打击才能长大。不然，没吃过苦头，她不可能真正知道"甜"的滋味。

自闭的女人，都像个任性的孩子，只盯住了树干上的疤痕，而忽略了那一树的鲜花。

中国人，对爱情最极致的注解是：执子之手，与子偕老。

是啊，女人认定的幸福里，牵手，仅仅是浪漫的源头……

但有时候，生活中全部的"浪漫"，也仅仅只是，牵着对方的手……

童话中的王子会给他的灰姑娘置办百万嫁衣。

现实中的王子可以给他的灰姑娘金珠银饰，

独独给不了她一件婚纱。

即便如此，这样的灰姑娘，还是惹人妒美。

好女孩永远没有坏女孩那么快乐

情妇的生活很神秘。

是的，至少对那些良家女孩而言，那是秘而不宣、遥不可及的。

在这个时代里，虽然提起来，人人都对"情妇""二奶""小三"一类的词汇有丝丝的不屑，但内心里，羡慕她们的人大有人在。

有位女读者来信中这样说："在这个小三风行的时代，身边的好几位姐妹都步入了这个行列。她们买了很漂亮的汽车，有房子、票子，可以去名牌专卖店刷卡购物。她们有时候会叫上我一起吃饭，带着她们的靠山。我知道，她们带着我有安全感，因为我是老实人，有着随和的性格和不对她们构成威胁的容貌。但她们不知道，随着年龄的增长，我却对她们的生活充满了羡慕和好奇。甚至，我越来越开始嫉妒这帮世人眼中的'坏女人'。她们，每天有无穷尽的刺激生活，可以肆意挥霍人生，而我，即便是双休日，也常常整日无人打电话来约。真的，好女孩永远没有坏女孩那么快乐……"

可以这样说，女人评判女人，嘴上总是以"道德"为标准，但心里永远是以"性的吸引力"为标准。

男人女人眼中，一个没人争抢着去爱的人，自然也不值得重视。

多少女人，恨小三骂小三，却还是不由自主地做小三。

女人心里，总有点"小野猫情结"。

女人的眼里，一个后面有男人撑腰的女人，才是真正活得有滋味的女人。

所以，太太的眼里，小三是魔鬼。她带给她家的，全是支离破碎的痛苦。

但是，男人的眼里，小三是天使。她带给他的，全是快乐和刺激。

小三，以爱情的名义，打破了宁和的婚姻秩序。不过，她们依旧能最大限度地得到男人的支持和爱情。因为，没有男人不贪心。

只要男人的贪心存在一天，这些"或天使或魔鬼的女人们"，便一天不会减少。

与此同时，她们的背后，也少不了一双双羡慕的眼……

> 每一份爱情都有剂量。
>
> 不想过快地耗光它，不要盯他盯得太紧。

短信暴露的女人真相

有台湾的朋友来大陆，说："好像大陆的朋友都格外喜欢发短信哟？"

那是。

尤其恋爱中的小伙子大姑娘，每天不往返来上百十条，那简直不算热恋。真可谓，恋爱的热度，跟每天的短信条数成正比！

关于短信，想来每个女人都有一肚子话要说。

女人是以男人回短信的速度来判断他此刻对自己感情的热度。

"我给他发的短信，他竟然隔了一个多小时才回！你说我们还有继续下去的必要么？"

"当初的短信他是两分钟内即刻回复，现今的短信他是犹犹豫豫拖拖拉拉敷衍应付。可见我是新人变旧了！"

"当初我给他发俩字的问候，他能给我回上二百字的甜言蜜语。现如今，只有一个'嗯'字应付了事！"

……

关于男友回短信那回事儿，女人一聊开，准保刹不住车！

但是女孩们你知道吗？

一个喜欢发短信的人，其实，隐藏的个性中有娇气任性的特质。这类人过于自我，期待对方时时刻刻只关注她。而且她还会不假思索地认为：那个人，有义务时刻为她而等待。

当男友在短信上面冷落她，她会开始哭，会抱怨那个男人的冷心冷肠。

她没有意识到：凭什么，他的手机、他的时间，必须二十四小时为她待命？！

我明白女人的心思。女人不是不讲道理，而是，男人回短信的速度，在女人心目中，等同于两人之间感情的距离。

但，一个从不给男人制造距离机会的女人，会让男人怕到逃遁。

距离，给女人不安感。

距离，却能给男人安全感。

当一个男人不在你身边，不要用一部手机时时刻刻盯紧他。

如果觉得最近他对你的短信越来越不耐烦，聪明的话，先让你的消息暂时从他的手机上消失吧……

"以退为进"这一招术，手机，是最适合的战场！

女人其实都不真正宽容。

但女人确实都爱跟心爱的男人装"宽容"。

当然装到最后，俩人都大呼"上当了"！

女人的宽容总爱用错地方

女人总爱充"好人"。

往往，这是生活难题的来源。

比如，虽说女人都挑剔，但恋爱初期，女人只会装清高。

每每，面对他的缺陷，她会在第一时间做内心表白："我不在乎！全都没关系！你的任何缺陷我一概可以接受！"

女人这样说，不代表真的不在乎他那些硬伤。

女人这样说，是希望用"宽厚大度"换取他的感恩戴德。

女人这样说，更是希望他能用其他方面的优势（比如多爱她一些）来弥补这点缺憾。

不过，女人这样说，男人是会当真的。

女人的宽容会养成男人的一种习惯：他觉得自己即便有缺陷，也都是很man的缺陷，也都是女人可以接受、可以爱慕的缺陷！

不过他不觉得这是她对他的包容，他更不会因此对女人还以同样的包容。

每段恋爱的最初三个月，都是最关键的时候。这三个月，决定男女双方日后的恋爱地位、从属和被从属的关系。

这时女人若是一味地依顺和服从，男人往往会对其迅速失去兴趣。

所以，越是"十分宽容"的女人，往往越被男人踩在脚底下。而那些时常挑剔的女人，却总能让男人重视和迷恋。

什么原因呢？

皆因，女人的挑剔，对男人而言，代表的是她对自身的一种自信："我这么优秀，你配得上我吗？！"

女人的挑剔，有时也是身价。

不论男人女人，永远是迷恋和重视"优秀异性"的。

虽然亲和的女孩讨人喜欢，但无原则的亲和不会令人重视的。

所以，对付那些自信满满的男友，女人要学会"打击"。

对于他过往的情史，你说"没关系"。

对于他粗鲁的言行，你说"没关系"。

对于他身体的缺陷，你说"没关系"。

可是先等等。

姑娘们，即便你心里真的认为这些毛病都"没关系"，嘴上，也不要轻易地随口说"没关系"。这算是给他一点心理压力，让他从此在你面前不要过分张狂。对付恋爱中那些自我感觉良好的男人，女人想要保持优势地位，有时是需要让他意识到一些自身不足的。

恋爱中，女人轻易不要开肠剖肚地把自己整个亮给他。

他了解你越慢，便迷恋你越久。

疼过之后，女人渴望疼爱。

但女人忍受疼痛，也换不回男人的疼爱。

解析女人的受虐倾向

不少淑女爱上了暴男。

一张粉脸被暴打成青紫，还坚持着不肯撒手。

周围人急得咬牙切齿："赶紧离啊，还犹豫什么，难道你想被他打死不成？！"

你急也没用。只要不被打到断气，女人的心，总是迟迟不肯离开那个男人的身。

归结起来，暴力男能拴住一个女人，有他的独门法宝：出拳痛快，认错更快。

有这样一个规律：但凡一个男人在对老婆实施完家庭暴力之后，马上紧接着便是眼泪、忏悔、告饶。很有意思，一个男人在发怒时有多强悍多野蛮，那么怒气过后，自然也就多柔弱多无助。发泄完后，他会对她跪，对她哭，对她做一些一个男人的自尊所几乎不能承受的事情。他会像做了错事的孩子乞求母亲的原谅般脆弱。那一刻，他会让她感觉——自己是鱼肉，任她宰割。他把命运全交上了她的手。

只要是女人，都受不了男人的这份"悔"。一能挨得了男人打的女人，都是软弱的滥好人。她总会幻想这一次是终点，但实际上，这一次永远只是下一次的起点。

她以为，这一次怒火过后的忏悔和眼泪，可以提醒他警记。其实对这类男人而言，此刻对女人所有的"服软"，确实都会牢牢记在心中。只不过，是为了留待下一次，用拳头加倍讨要回来。

从心理角度看，越是缺乏自信、内心对世界充满了焦虑不安感的男人，越容易成为暴力的拥趸。当然，他并不是纯正的坏心大恶魔，只不过他控制不好心中"恶的爆破点"。当感受到任何一点的心理失衡，他们会用强硬的姿态来发泄不满。其实他做不了自己的主。

但是没办法，女人，对暴力也会有情爱的依赖。男女之间，任何一种身体上的密切接触，都有可能会产生"情火"。这不是女人的"贱心"，而是女人与生俱来的"性弱势"心态。即便一个男人用尽手段折磨她，在女人的意识中，这也是一种情感上的交流，虽然都是负面的。

其实，关于"忍受暴力"，我发现了一个很多女人不愿正面承认的真实原因：女人都是渴望沟通的动物，一个男人向她挥拳，她强忍，目的其实是为了等待暴力过后，他的认错和忏悔。因为只有那个时刻，爱情才会重新回到初恋，那个男人才会重新对她甜言蜜语、吐露真情。

女人常常要用自己的受辱换得男人的怜爱。这是弱势女子讨要爱情唯一的手段。

所以，只有那些打完后从来也不说"道歉"的男人才会被开除出婚姻，另外那些打完就说"悔"的男人，照样还是一日日地令她爱恨不能。

女人离不开那个伤她身更伤她心的男人，是因为她天生对强势的异性带有不自觉的依附性。只是，女人也是真的熬不过男人，拼体力、拼精力，注定了都是落下风的一方。

当他开始挥你第一拳，你就应该考虑好后退的路：跟一个暴力兽男的爱，只有疼痛，没有疼爱。

抢手的女人能幸福地遇上另一半。

太抢手的女人只能一次次错过获得幸福的机会。

漂亮女孩的遇人不淑

中国最著名的女人，是所谓的"四大美女"。

西施貂蝉昭君玉环，虽然现如今我们已经搞不清楚这四位女士到底是美成什么样子，但她们的身上却有同样的一个共性：虽名留青史，却情路坎坷。

严格算起来，这几位几乎都算是"灰姑娘变公主"的典型。尤其西施貂蝉，是穷家女变皇门贵妇。作为一个美成那样的女人，她的爱情，却没办法自己做主！

由着她们，想到了现如今的那些漂亮女孩们。

一次节目中，现场来了三位美女当事人。三个女孩，不论台上台下、妆前妆后，都是一样的光彩照人。但就是这么漂亮的仨姑娘，都经历了遇人不淑，屡屡被男友欺骗和抛弃。

这不由引人感慨：美女的爱情为啥总是忒挫折？！

美女的情路，总是注定坎坷。

爱美是人之天性，爱招惹美女是男人之本性。

作为一个美女，即便她肯安于寂寞，她身边的男人，也不可能让她寂寞。

男人爱美女，常常带有一定程度的"征服欲"。这"爱"的成分里头，有争强好胜的心理。

越成功的男人越是如此。

女人用征服不同领域的男人来征服不同领域的世界。

男人用征服不同质量的女人来证明自己不同等级的成功！

王允是男人，最明白男人的心。

他拿貂蝉来玩美人离间计，就是瞄准了董卓吕布的男人属性。

可以肯定的是，三人游戏，PK 到最终，也就是美女失宠时。

《三国》里，吕布费了极大周折，干掉了董卓，抢回了貂蝉。但从此，貂蝉在吕布的人生中也就地位平平了，成了他众多妾室中的一位，不再是"独一无二"。

就像现代那些美女，围绕在身边的追求者虽然如浪潮般汹涌，但谁都无法肯定，这其中，哪个男人是爱你的人？哪个男人只是倾慕你的貌？

漂亮女孩总是一路坎坷，谁让可选择的机会太多。

对一个人来说，选择太多，选中"幸福"的几率也就越小！

> 女孩比男孩早熟。女人却比男人单纯。
>
> 但女人的单纯，用在一个不单纯的男人身上，
>
> 会成为自己的祸害。

女人为何都排斥独立思考

很多人都知道：女孩子比男孩子要早熟。

但是不知道：女孩子为什么比男孩子要早熟？

更早的成熟，源于女孩子会更早地开始思考。

比如，十一岁前后，女孩子就开始有了更多的沉思时间。而这时候的男孩子，还处在疯玩疯闹的阶段。

进入中学阶段的女孩子，总比同龄的男孩子要略显成熟。

有研究者认为，这跟家庭教育有关：父母更加鼓励女孩子表达悲伤和焦虑，而觉得男孩子就该心量宽一点、神经大一点。

无形中，这是在鼓励女孩子关注内心，鼓励男孩子关注外在世界。

但是，随着年龄的逐步增长，男人女人的这种"沉思差异"会逐步缩小。

作为成年的男人和女人，通常遇到难题，总是男人更容易先找到解决的路径。

这是因为，独立思考的条件下，人们获得的解决问题的办法会更多。

但男人女人的独立思考，往往存在很大的差异。

男人喜欢立足自身，把自己当成第一主角，在想象中冲锋陷阵。

女人更愿意坐镇后方，希望能有神兵天降，帮助自己冲锋陷阵。

越是弱势的女性，越会陷入"依赖性思考模式"。

往往，她不是站在独立解决问题的立场上，由此出发去思考，而是会在脑袋里给身边一切可用之人分派任务，企图让大家一起帮忙分担麻烦。

没有女人愿意真正地去独立，这会让她感觉自己像个无家可归的孩子。

虽然女人比男人早熟。

但也仅仅只是比他早熟而已，慢慢地，她总会让他赶上。

谁让女人天生渴望被呵护。

渴望爱，注定了她亦渴望依赖。

女人有着更强的自尊心。

但"更强的自尊心"背后，也掩藏着更深刻的自卑。

"低自尊"是女人问题的源头

谈过恋爱、没谈过恋爱的人都知道：女人总比男人挑剔。

这个道理，男人认同，女人也认同。

原本一件平凡的事物，可若不挑挑拣拣上三五回合，那简直不符合女性的本质。

但是，挑剔的背后，掩藏着什么样的女性心理秘密，恐怕，很多人就无从知晓了。

先来听听两个概念：高自尊和低自尊。

相信现代人对这两个词都不大陌生。虽然，很多人说不出它们的具体意思。

简要来讲：高自尊，是指一个人自我感觉良好，生活态度健康积极，自信乐观善于与人沟通，遇事愿意从积极的方面去考虑；低自尊，则是指自卑焦虑，情绪常常处在抑郁之中，害怕受到拒绝且时时处在"被拒绝"的假想之中。

从性别心理角度来看，比起男人，女人普遍都更"低自尊"。

可以说，女人自身的很多特性，都可以从"低自尊"处找到源头。

比如：

女人比男人更任性。其实任性的背后，说明女人渴望沟通。她用孩子气的蛮劲儿在试图赢得他的关注。

女人比男人更挑剔。其实挑剔的背后，说明女人缺乏安全感。她的挑剔乃至刻薄，潜意识里是为了彰显自身的智慧性。

女人比男人更有"架子"。其实摆架子的背后，恰恰反映了女人的低自尊。她害怕被轻视，于是，抢先佯装出高不可攀的姿态。

社会发展环境所致，女人在成长过程中，总会被打上"弱势"的烙印。久而久之，女人，便养就了一副仰望世界的姿态。

低自尊的女人，容易妥协，容易放弃，也容易牺牲自我。往往，这样的女人活得最不快乐。

但是，你若问：如何克服我的低自尊？

只有一句：接纳你自己。

世间千般苦万般恨，皆因一个"不接受"。

女人，不接受"你的全部"，那"你的全部"也不会为你卖命到底！

百味良药，不如一个全心接受。

一个快乐的女人，首先，那是一个接受自己的女人。

我有个愿望——做一个能读懂对方真心的女巫。

从小，这就是我最大的理想。

曾经一度，我认为这是梦想。直到听你说，"只要掌握了适当的知识和方法，每一颗心都可以变得透明。"

这重新燃起了我对于"读心术"的渴望。

如此渴望了解对方的真心，源自我的经历：

八岁时，父母离异。那位"阿姨"，曾是妈妈最好的闺中密友。记得妈妈说："为何我就是没看透她的狼子心？"

十五岁，妈妈再嫁。与继父关系始终相处不好。她和他总是互相抱怨："懂一个人的心怎么就那么难？"

二十岁，我遇到了初恋。仅仅三个月恋情便以结束告终。

临走时他说："你很优秀，只是，你不懂我的心。"……

如今，在恋爱中也受过了几次挫折，总感觉，对方的那颗真心，时近时远。偶尔，觉得它在眼前，偶尔，又觉得它在天边。

我总想着：也许真正能掌握一门"读心术"，人生才会走得更轻松。

苏芩，告诉我，从哪个角度去看人，能看到一颗透明的心？

——蒨蒨

读心术，也是一门技术。

看懂对方的心，其实不太难。

这要求你，掌握大量的肢体表情暗示语。

人人一张嘴，但并不是只有嘴里，才可讲出人的真心。

有些时候，人体那些不会"说话"的部位，才最容易讲出最真的"实话"。

——苏芩

第8章

女人读心术——人心原本是透明的

　　从心理科学层面看，人的每一个细微心理动作，都反映出他此刻的内心。所以，作为一个女人，想要了解对方、征服对方，得先修炼眼技。

　　人的心理，有如下共性。

　　谈话时，要关注他在讲什么。那些谈话主题只围绕着自己的人，是任性且自我中心的，有自我膨胀的嫌疑，这类人难以顾全大局。很多女人总是想多多了解对面这个男人，对他的话，她能听也爱听。但若这个男人句句不离"我自己"，你该惊醒——跟这样的男人交往，会很累的。

　　有些女人热衷于谈论别人的情爱隐私。这类女人通常会口口声声地捍卫贞洁观念，表白自己是个正经女人。但她们真实的内心里是渴望被诱惑的。谈论别人那些花花绿绿的生活作风问题，本身就是因为，她渴望而又不可及。一个女人嘴里说得最多的东西，一定是她心里想得最多的东西。

　　看一个人，多看看他的手在干什么。手指若是不停地动弹，说明这个人正处在紧张状态，想用手部的动作来宣泄自己内心的焦虑。一个人若手指不停地敲打桌面，说明他正处在犹豫不决的状态中，不知该如何取舍。一个人若在交谈中十指交叉，说明他此刻正不自信，内心有深深的不安和惶恐。不试着打开他的内心，很难让他打开交叉的十指。

　　当面对一个让你紧张的局面时，抱合你的双臂吧。这好似为你筑起了一道屏障，为你阻隔了危险。这可以帮你驱走紧张感。同时，一个抱合了双臂的人，你不要指望着在此刻说服他。因为，这代表他铁了心要把意见坚持到底。聪明的话，先撤，改天再攻吧。

......

人的心里有多少秘密？

说不清楚。

但如果你能看懂它们，对你，就是最强有力的帮助。

一个女人，男人敢不敢对她乱来，全都是写在她的脸上。

别以为脸上只能容下脂粉，有太多太多的讯息，

会令你始料不及。

爱情的质量决定女人皮肤的质量

老公的脾气，决定老婆的皮肤。

心理学家有这样的发现：

老公心胸狭隘、自私内向，老婆皮肤普遍较为粗糙且爱生痤疮。

老公脾气暴躁、吃醋易怒，老婆就多色斑且更易衰老。

老公花心滥情、对老婆半哄半骗，老婆的皮肤易松弛且体弱多病。

只有那些个性积极、且开朗包容的丈夫，家里老婆的那张脸，才会一天胜过一天地漂亮。

我常常对女孩子说："选择伴侣，第一点入门标准，是看彼此个性适不适合。"

至此，大家该信了吧。

只是，如今的很多女孩子不以为然。

她们认为，在宝马上哭，也不失为一道风景。

女人的逻辑就常是这么荒谬。

虽然，痛苦的味道，谁尝起来都是一样。

但有那么些女孩，硬是可以把痛苦，分成"高档次的痛苦"和"低档次的痛苦"。

她们觉得，"高档次的痛苦"，苦也顶多是黑咖啡的苦，苦有余香。

她们实不知，那些可以让她受"高档次的痛苦"的男人，可以

让身边所有女人流出黄连泪。

男人的个性，婚前，你觉得可以改变。婚后，你只会明白：你更可能为他改变。

男人的坏脾气，女人得付出代价。

当面对一个男人的追求，你在犹豫，给出的理由是："我们个性不合。"

这就足以是你不能凑合下去的理由。

一个条件不佳的男人，也许还会疼你。

一个个性不佳的男人，只会害惨你。

终究，男人，不能在个性上给你安全感。不论他是怎样的门第，都不可能给你真正的幸福。

女人的寂寞，一眼便能被看透。

那些寂寞的女人，不必为了面子去骗人，一点一滴的爱情，都写在你的脸上……

女人的腰间，有无限风情。

女人的腰间，也有无限秘语。

你的腰间，写着哪种爱的讯号？

"你最喜欢女人身体的哪个部位？"

形形色色的男人，或潇洒或腼腆的男人，常常，有一个共同的答案：腰。

古代美女，好身材只有两项标准：削肩，细腰。

曹雪芹一定是个狂热的"好腰分子"。他在《红楼梦》里，刻画了形形色色的美女腰。

黛玉的腰，似弱柳，行动处，柳扶风。

晴雯的腰，像水蛇，见其软，闻其媚。

湘云的腰，如蜜蜂，有曲线，见英姿。

……

女人的一条腰，连接起了胸部和臀部两大性感部位，因而，也便显得格外有意韵。

男人都爱腰软的女人。一个腰软的女人，能把男人迷到腿软。

男人也爱弯腰的女人。一个爱弯腰的女人，有一种温柔款款的女人味。

男人不娶扭腰的女人。一个扭腰摆臀的女人，也许是媚气的，但正派男人都知道，那是种性引诱。

男人最怕叉腰的女人。一个双手叉腰的女人，是一种挑战。当一个女人叉起腰，代表她已准备好了，胸有成竹要战胜对方。

……

观察中，也发现有些女人，在等车的间隙，百般无聊之际，会用手轻轻抚着自己的腰。这是女人的一种自怜。女人总是渴望异性间的抚慰，当长时间缺乏这种抚慰时，女人会落寞会烦躁。所以，有些女人，没事之时，爱慢慢抚着自己的腰。这是对自己的安慰，同时也是种通过身体表达出的心理疏导语："没关系，至少，我是爱我的……"

只是，一个常爱抚腰的女人，你该想想，自己，已经多久没人来爱了……

> 说出来的爱，最真实。
> 写出来的爱，最炫目。
> 如果可以，挑选爱人时，最好坐到他的对面。

写出来的爱不踏实

如今，不少男女因为文字而结识。

聊天工具上，一句："嗨，你好。"

姻缘就此而始。

只是，一对由虚拟形象开始的男女，恋爱似乎总在一步步走向失望：法制节目里，大姑娘小伙子，因为网友会见不顺而寻死觅活；现实生活中，一男一女终于从线上走入线下，却发现，对方根本不是自己脑中熟识的那个人……

鸿雁传书，曾经那么美妙的爱情方式，可到了这个时代，一切一切，全变了味道。

人常说：不要相信男人的话。

更确切地说，应该是：不要相信男人的文字。

文字，让人有充裕的时间隐藏自己。在字句斟酌间，一个真实的人，便被描画得多了几分别样美。

一个极喜欢用文字去与异性交往的男人，往往是这几类：

或者，他是个自闭内向的男人，他们对自身没有绝对的自信，故而需要用更保险的交往方式去吸引异性。

或者，他的身边还有其他女人，但又渴望不断受到其他异性的关注和爱慕，于是在当面谈爱不方便的情况下转而改用文字。

或者，他本身个性复杂多疑，在人际交往中也欠缺诚意，总想把自己的任何缺点藏得严严实实。

曾经，一个爱写情书的男人，总是女人心目中情圣的典范。

如今，女人也渐渐明白：这些好舞文弄墨的情圣，泡妞的心眼儿总是格外复杂。

不少女孩问：如何能够看清那个男人最真实的一面？

答案很简单：直接用语言去交流。

也许，这种方式少了几分慢火细炖的浪漫，但却多了加倍的安全系数。

如果，你仅仅想谈一段精神恋爱，那不见，胜过相见。

如果，你是真的想把这个人当成婚姻对象考虑，一次会面，能帮你探测出他暗藏的劣势。

一个人的优点，即便是分隔两地，也会让你有感受。

一个人的缺点，在面对面间，一定藏不住。

永远永远，不要指望着网聊时的那个男人会与生活中一模一样。

不管他用文字说了几万遍"我爱你"，只记住一点：说出来的爱，比写出来的爱，更可靠。

女人会把细节记得更清。

男人会把荣誉记得更牢。

好记性不是女人的好运气

一位美女走过。

回过头来，男人会想：哦，那是个漂亮的女人。

回过头来，女人会说：那个女人眉毛的弧线很美，嘴巴的线条显得生硬、刻薄，眼睛还好，不大不小，但脸盘儿略略有点大……

一场聚会过后。

多日后，男人总结：嗯，那是场挺热闹的活动。

多日后，女人会说：虽然挺热闹，但那家酒店的饭菜可不敢恭维。口味偏重，一道焖虾味精味也太重了。

你看出什么了么？

一个人说：女人比男人琐碎，净记住些细枝末节的事情。

另一个人说：女人比男人悲观，总看到事情不好的一面。

除此之外，你有没有发现：女人的记忆力要明显优于男人？

那一位美女路过，转身后，他只记住了那是位美女。

那一场宴会过后，时间一长，他只记得气氛不错。

但女人不同，不论是几日还是几年，她总能记住一些男人不可能记住的东西。

对一件事，男人容易用最直观的印象去记忆、去判定。女人却喜欢用一个一个活生生的细节去综合评定。

在科学认识上也是如此，女人对于物体及其空间位置的记忆力要明显优于男人。这源自远古时代的女性祖先们，要努力记忆各类不同的可食型植物，才能不断提高自己的生存能力。而在现代学校里，女孩子的英语成绩总比男孩子好，不单单是女孩心静、刻苦，这也是与生俱来的天赋。

女人的记忆，是她获得更好的生存的能力。

只是，生活中，女人的记性不要太好。

尤其关于伤痛，女人不该记得太久。

当一个女人，爱人故去，她会留下关于她和他的若干记忆相伴余生。

当一个男人，爱人故去，他会遗失掉自己很多有关过去的经历。

于是，男人可以随时随地地开始，但女人，常常迷失在曾经的记忆里。

好记性，是天赋。

但好记性，不见得时时是福气。

　　　　离不开脂粉的女人，能迷住男人。

　　　　根本不需要脂粉的女人，能管住男人。

化妆术看透女人个性

关于女人和化妆，看过这样一个小故事。

某丈夫坚决要离婚，太太千哄万哄无效，于是对他说：“不急，不急，等我先化个妆咱们一起去办手续。”

　　丈夫于是千等万等。妻子终于完妆，风姿绰约往前一站，丈夫只好投降，摇头叹息："算了，算了……"

　　……

　　小故事引读者一笑。

　　别人家里的闲事且不去多管，但这短短百字的故事里却反映出了不一样的人性。

　　首先，男人终归还是喜欢美女。一个女人让自己丑，就等于让男人对自己狠。男人，永远只对一类女人狠不下心——美女。

　　其次，能拿出极长一段时间来化妆的女人是有耐心有毅力的，这类完美主义的女人总是更能够抓住自己想要的一切，结果对她们而言最重要！

　　化妆可以看透一个女人的个性。电视剧里，那些肤浅的坏女人总是浓妆艳抹，是因为浓妆女自我表现欲强，渴望成为众人的焦点。而可爱的女主角总是一脸素净，那是因为裸妆女大多心思单纯，真诚善良。

　　喜欢化妆且擅长化妆的女人，大多有魅力，知道自己美在哪里，更知道如何张扬这一点美的点睛处。这样的女人是自信的，更是具备出众的工作处世能力的。那些引人钦羡的职场丽人，正是指她们。

　　但作为一个美妆女，你真该小心的，是那些从来不化妆的女人。她们不爱化妆，更是不屑化妆，她们的核心竞争力藏于脑袋里。这类女人独立、实际，更敢于挑战男性权威。男人落到了这类女人手里，十有八九算是遇到了克星。

　　爱化妆的女人能够征服男人。

　　不化妆的女人志在管理男人。

所以，婚前，每个女人都醉心于化妆术，婚后，女人会把买香粉的钱拿来买面粉。

不是女人越老越俗，是女人眼里的目标变得不同了。

女人永远不会在嘴巴上认输。

所以，那些聪明的男人，会直接对不肯认输的女人展开行动。

为何打死也不承认"你爱他"？

一个女人是不是对一个男人有好感，其实，是一眼就能看穿的事。虽然，有些时候，她自己并不知道。

想知道一个女人是不是爱上了，很简单，只需三招。

当面对他，她开始有意无意地搞些小动作，拽拽衣角，扯扯项链，不断地整理发丝……这说明，她想吸引他的注意力。一个人，身体只要动起来，说明心里已然先动了起来。女人是最像水的动物，水的魅力在于动感。一个女人，若是死水一潭，要么是因为她对他没兴趣，要么他对她没兴趣。

当面对他，她忽然开始抖脚，则是说明，她心里渴望自己能够放轻松、有个好心情与他好好聊天，这是她对他有好感。抖脚是个很有意思的行为。男人抖脚，是为了发泄不满，女人抖脚，是遇上了有好感的人。当然，那些爱抖脚的女人下次可以有意识地注意下：当对面那个男人突然说了令你不快的话，你的脚会立马停下来，随之，脑袋里会有轰的一声回到现实世界的感觉。

跟他在一起时，她常常说"不"，总爱跟他反着来，说明，这个女人心里是极重视他的。爱说"不"的女人能干但也心软。这类女人通常缺乏安全感，对爱人的依赖性强，同时又对自己的依赖性心存不满意，于是便常常用"反意见"来强化自我感，其实心里面，她早已妥协。有些时候，情场之上，这些貌似爱跟男人较劲的女人，对男人而言，恰恰是一种诱惑。一个女人，愿意跟一个男人说"不"，证明，她已经不把他当外人了。

……

所以说，有些爱情，听不得说不得，只能看。

因为，喜欢上一个男人，有些女人打死也不肯承认。

可见，征服女人的心容易，征服女人的嘴好难。

只是，那些格外嘴硬的女人，也许是因为，对他，她们心中格外有数。

爱情里，女人不是不可以主动，

而是能不能把这份"主动"坚持到底。

女追男，如何能把胜局拉到最后？

女人，大都不喜欢太主动。

因为妈妈说："女人，不能太主动。"

在女人看来，一个女人的主动，是掉价。

其实，主动，是获得成功的重要因素之一。

交往之初，人与人之间，互相存在一种很强烈的戒备心。谁都不愿轻易迈出这第一步，因为摸不太清楚对方的底牌。但两个人的交往，先迈出这第一步的人，一定会是统领全局的人。因为，他是提出要求、制定规则的人。

游戏规则，一定都是由主动出击的那一方制定的。

公司里，小王提议周末聚餐，小张小李小孙们附和参与。于是整个聚会过程中，怎么吃，吃什么，其多半的决定权是掌握在小王手中的。

恋爱中，男方主动追求女方，表面上看起来是男方跑前跑后去讨女方的欢心，可实际上，为了保持自己被追者的优越姿态，女方会更多地顺从男方的恋爱模式。

每一种人际交往中都需要有一个群体领袖。而日常的生活中，这种群体领袖并不通过众人选举、而是通过他对责任的主动性而自然产生。一个敢于提要求的人，必然就具有这种令众人服从的属性。

但是，因为很多女人本身主动性的缺乏，注定了在恋爱生活中常有更多的委屈。她总等着男人来关慰。但男人的关慰，也都是出于他自身主观对她心思的猜度，难免有偏差。

或者，有些女人一开始会主动向男人示爱，随后移权给他、等他来爱。这种暂时性的主动，也不可能长时间地帮你把控局面。

越具有主动性的人，越容易令人依赖。

虽然，那些女人，口口声声说"依赖男人"，但女人努力的方向，永远是让男人来依赖自己。

毕竟，谁更依赖你，那么你对他的权力自然也就越多。

有女人说："万一我对他主动，日后他不拿我当回事儿怎么办？"

很简单，想要自始至终统领全局，女人，就把"主动"坚持到底吧！

其实女人比男人更加武断。

于是女人比男人更加容易错过好对象。

女人为何更爱说"拒绝"？

关于这一生的经历，人人都有自己的一段段记忆。那就像是一卷卷录影带，一集一集，按顺序排列在大脑的最深处。

没有人不相信记忆，似乎，否定了记忆，就否定了自己存在过的那些岁月。

可是，记忆，不全是真实的。即便，那是你切切实实经历过的一切。

从心理角度看，记忆分为真实记忆和错误记忆。

真实的记忆，不说也懂。

而错误的记忆，指那些凭借你的主观思维加工过、与客观事实存在差异、但你的内心中却深信不疑的记忆。

比如，每一次相亲结束，人们都爱总结这一次的所见所闻，会用看到的资料来推断对方的真伪。

但是，这些资料，不见得都是值得参考的。

初次见面，人更容易凭借主观的猜测去判定人和事：他的一笑，可能会让你将他归结到和善一栏，虽然，真实的他也许脾气未见得好；他眉头一皱，会让你内心立刻设防，虽然，平时他也许是个好好先生。

我们对于任何事的判定和记忆，都存在有太多的主观性。

　　尤其女人，记忆，往往来源自想象。而这些想象得来的记忆，又都是通过"细节"构成。

　　相亲时，女人拒绝男人的几率要比男人拒绝女人的几率高出数倍。因为，女人比男人更爱钻研细节，更喜欢用细微来推断全局。女人，永远是通过细节去判定一件事的真伪、一个人的优劣。

　　调查中，相亲时，八成以上的女人爱用细节作为考核标准。

　　"他的上衣和裤子颜色搭配完全不对路，一看就知道没品！"

　　"他的头发乱糟糟，可见是个生活习惯不好的男人！"

　　"他说话的时候注意力不集中，哼，对我一点也不尊重！"

　　……

　　女人觉得以上这些很重要，可以反映出男人最真实的另一面。

　　可事实不见得如此。

　　身边一位朋友，第一次帮一对男女牵红绳便告失败。女方拒绝的理由很简单：男方不够守时，竟然比她晚到了十分钟。

　　虽然，那是因为路上太堵，但在她的心里，埋下了阴影。这段记忆，还是让她给他判了"死刑"。

　　多年后，这位男士事业小有了成就，与另外的温良女子结成了连理。夫和妇睦。

　　当年那位拒绝他的女子，终于也有了些悔意：那十分钟的记忆，似乎，不该那么顽固……

　　当人人都开始高喊：细节决定成败！

　　但你想过吗？

　　那些看到的细节，是真实的细节还是偶然的细节？

　　一见钟情了吗？

一见出局了吗？

也许，都只是一段错误的记忆吧……

撒谎时，你在做什么？

大概，所有撒过谎的人，都没考虑过这个问题。

撒谎时，你有什么小动作？

二十年前有部极火的武侠剧《楚留香》。楚大侠除了人帅本事大，还有一个奇怪的特性：每当思考问题时，总爱用手摸鼻子，然后难题就随之不攻自破。

之后很长一段时间，很多爱看这部剧的小朋友，都多了个摸鼻子的小动作。

但从心理学角度看：楚留香摸鼻子的这个小动作，确实不是个好习惯。一个人摸鼻子，有时代表着他正在撒谎。

别以为说谎话的人只需要克服心理负担。其实，人在撒谎时，身体体征也是会有细微的变化的。不论是何种段数的撒谎者，他在说谎话的那一刻，身体总会有些微的不适反应。

比如说，神经密布的"三角区"容易受到刺激。你可以尝试下，说谎话时，鼻子是不是会有轻微的酸痒感？一旦皮肤有了反应，手是不是就会下意识地摸向那里？

除此之外，也有些人"摸鼻子"的小动作不是撒谎、而是焦虑感所致。因为神经紧张，焦躁不安，所以会平添了些小动作，目的就是为了把紧张情绪发泄出去。

　　既然说到了撒谎，那么再继续来看看，撒谎时，人往往还会有些什么样的小动作？

　　比如，撒谎时，人的手部动作会减少，甚至有些人会试图把手藏进口袋里。有些人说话喜欢手舞足蹈，嘴里一边讲手里一边配合动作，遇上这样的人，你得相信，他嘴里说的八成都是实话。手是人的第二张嘴，说谎的人，控制得了嘴巴，却常常控制不了这第二张嘴巴。人的手永远比人的嘴更真实，谎言控制得了一个人的嘴，却控制不了一个人的手。

　　比如，一个说谎的、或准备说谎的人，总是能对对方的话在第一时间内做出最迅速的反应。说谎之人最害怕陷入沉默，一旦沉默，便觉得给了对方思索的时间，似乎，对方就能够识破自己的谎言了。所以，说谎的人，总是分外热情，没话也要找话。

　　很多女孩子埋怨男友对自己不热情，对自己的话总是反应慢半拍，这至少说明，此时此刻，他并不是在骗你。

　　比如，说谎的人，腿脚的动作会增多，身体总是比平时多些晃动。心理学上有这样的观点，一个人身上，离脑袋越远的器官便也越真实。比如脚，离脑袋最远，那上面便也写满了真话。

　　谎言，是人生必不可少的组成部分。这些人生的假动作，有时，正真实地暴露了你的内心。

　　要记住，你的身体，其实远没有你想象中那么会演戏。

男人拒绝婚姻，有诸多理由。

但男人拒绝婚姻，最终的核心只是："我不想娶你。"

拒婚理由看穿男人心

"上一段恋爱给了我很大的阴影，我需要时间恢复。所以，希望你能等我两三年。"

虽然，男人摆脱失恋阴影的速度要比女人慢，但这样的理由，还是仅仅只是借口。这样的男人，心态还在"挑拣"中。

一般而言，这样的男人相对恋旧。他不肯与现任女友结婚的原因，恐怕还是因为觉得，现女友不如前女友更优秀。男人在婚姻问题上也有攀比心，也希望能够"一个更比一个强"。当然，预留出来的这两三年时间，他会与你恋爱加疗伤，再加继续寻觅更不错的人。作为一个恋旧的男人，他与你结婚的可能性还是很大的（只要不是他的前女友再度跳出来横刀夺爱）。

"我觉得自己现在还没能力给你好的生活条件。"

这样的借口，是标准的"只恋爱不结婚"型男人的最爱。

男人，面对自己心爱的女人，只会不顾一切地先要拥有她。他宁愿她跟着自己受苦，也不愿她跟着别的男人享福。如果你是奔着结婚的目的去恋爱，面对这个男人的这个拒婚理由，你该想好退路了。

"我的父母不同意。"

这是"奶宝男"拒婚理由的最爱。

虽然，得不到父母认可的婚姻总是难以获得幸福，但一个男人，把父母的意见当成是结婚与否的圣旨，足以说明，这个男人还不够成熟。对于父母，他有太多的依赖性。这样的男人，你别指望他能在父母面前维护你的权利。嫁给这样的男人，女人别以为最难过的那一关是"公婆关"。日后漫长的岁月中，他的缺乏担当感，会令你很累很辛苦。

"我觉得你的父母瞧不起我。"

越是坏脾气的男人，越会用这个理由去拒绝女人的婚姻要求。

这样的男人自尊心无疑是强的，但这样的男人，自尊的背后，又隐藏着些许的自卑。他有他的大男子主义情结，婚后，他难免会对女人颐指气使。若你肯认小服低地顺从他还好，如若不然，他会在家里制造一轮一轮的暴跳如雷的！

　　　　　　每个男人都有不感兴趣的那类女人。

　　　　令所有男人都不感兴趣的女人，也是有其共性的。

听男人说说他为什么不愿娶你

有那么几类女人，大多数男人都不愿意娶。

虽然，这几类女人本身并未意识到自己的问题，甚至，她会觉得这些"问题"也是自己变相的优点。

男人女人，心理大不同。来看看，他们各自的心声吧。

关于女人的"抠门儿"。

男人说法：她实在太抠儿。一分一厘都要计较清楚！不该花的钱一分也不能多花，该花的钱也尽量能不花就不花。真是自虐！

女人辩解：我不是抠门儿，我是会过日子！

解读：一般人会觉得"男人抠门儿是大事，女人抠门儿是正常事"，觉得女人的天性就是精打细算的。但是，在女人纷纷声讨"抠门男"的今天，"抠门女"们也该注意了：对异性而言，永远是希望对方对待"钱"的态度能大方一些、潇洒一些的。不论男人女人，其实，都是看重异性潇洒的风度的。别以为只有女人知道"花钱的态度可以透露出一个人的人品"的道理，男人同样也感同身受。抠门儿的女人，永远不会是受欢迎的恋人。

关于女人的"贤惠"。

男人说法：我说喜欢吃排骨她就把所有排骨都留给我吃，而她自己一筷子也不动！请朋友吃个饭省了几十块钱她能高兴上两天！

女人辩解：我的贤惠都是为了你，想让你活得舒服，想让你活得轻松！

解读：贤惠的女人是过日子的好手，但跟这样的女人过日子，老公会吃点苦头。日后，她会把你们的家里置办得光鲜非凡、引人羡慕，但对于你和他的日常生活，她会尽力地追求俭省。女人们，要知道男人其实不是能吃苦的品种，女人可以天天靠小菜维生，但男人少了伙食的滋养会很不快乐。女人觉得贤惠是优势，但到了男人那里——可未必如此。

关于女人的"土气"。

男人说法：就算她一切一切的缺点我都能忍受，可是，她土气的外貌我是真的一点也无法接受。这样的老婆，带出门，我丢脸，放在家，我闹心！烦！

女人辩解：以貌取人的男人一定不是真爱我！真爱我的男人只会看到我的美，不会抱怨我的"土"！

　　解读:外貌,其实是男女矛盾的致命点。可以这样说,如果是个美女,那她抠门儿一点吝啬一点斤斤计较一点乃至坏脾气一点,男人都能忍受。如若不然,男人会觉得自己的"忍受"是没有价值的。男人女人,都会为自己的付出寻找一个最终的"价值回报点",女人会觉得那是"男人的能力",男人会觉得那应该是"女人的美貌"。提醒那些天生不太丽质的姐妹们,想法子把自己弄得更美一些、更时尚一些,是你的责任。女人的美丽,不是为了取悦男人,而是为了让男人来取悦于你。

　　永远永远,女人要提醒自己是朵正在盛开的"花":不能对自己太抠儿,因为鲜花需要营养;不要舍下自己去养护男人,因为鲜花总是太娇;更加更加不要放弃自己的美丽,因为,失去了"漂亮",鲜花便失去了存在的意义。

　　知道了他为什么不愿娶你,那你就该知道如何让他想娶你了吧?

　　　　一些女人会痛苦于遇上了一个"不愿结婚"的男人。

　　　　另一些女人会痛苦于遇上了一个"只想结婚"的男人。

　　　　　只为了结婚而结婚,男人会在婚后迅速改变。

领证后,他在悄悄改变……

　　虽然,婚前,每个女人都想:希望这个男人这一生一世都能像热恋时那样爱我。

　　只是,婚后,每个女人都会发现:热恋时光一去不复返了……

　　对婚姻,对男人,很多女人有如是感受:"婚前婚后,我的待遇是冰火两重天。婚前肯为我做的事情婚后绝不肯再做，且态度是一百八十度大转弯！"

因此，女人爱把男人想象成功利性的"阴谋动物"："没得到我之前可以用尽手段；得到我之后，甩都不再甩一眼！"

是的，结婚证会改变许多，但结婚证最容易改变的，是男人。

女人心目中，结婚后男人的功利表现，集中在以下几点：

领证后，他不会再准时守候在你的公司门口。

"结婚后，我如往常一样让他接我下班，却意外地被拒绝。他竟然让我自己坐公交车回家！"

要知道，这不是你老公有多功利，这只是再正常不过的新婚效应。婚姻，让恋爱战终于宣告结束，男人从疲惫的战役中凯旋归来。他认为，这是自己该喘口气儿的时候了。他不再想接你下班，真的，只是因为他想休个假。其他，真没有别的想法……

领证后，他开始不断地对你挑剔。

"婚前，他事事依我，我的意见他绝对尊重。可是结婚后，他竟然开始挑剔，嫌我做的饭难吃，嫌我的品味不高……"

婚姻，让男人松弛下来。他对你挑剔，也许是因为他早已对你感到不满，只不过，在没有彻底敲定彼此的关系前，他认为应该继续忍气吞声。通常这样的男人，都是遇到了一位好条件的女人。只要一刻没把她拽进婚姻，他一刻都不能放轻松。越是婚前愿意赔小心的男人，婚后往往变化越大。因为，领完证，他觉得，是时候做回自己了。

领证后，男人不再注重仪表形象。

随着恋爱关系的逐步深入，女人会发现，男人越来越不修边幅。

邋遢，迟到，抱怨……这些曾经他从来不可能做的事情，现在一一都被摆上了台面。原本的浪漫小伙儿变成了庸俗男人。

作为女人，你别说"受不了"，实际上，如果不是为了获取异性的关注，九成以上的男人都没有心思把自己从里到外地搞包装。女人到手了，包装也就可解除了。女人们不要咬牙切齿，至少，这说明这个男人准备跟你踏实过日子了。

领证后，男人开始更多地关注起别人家的老婆。

婚前，男人可能也会有数不清的花花心思，但不会表现出来。婚后，男人见到别人家的老婆时，却都少不了多看两眼。当然，不是他们色心不死，而是男人内心也有潜藏的"比较欲"：看看人家老婆，比比自己老婆。这是习惯。

恋爱，让男人努力佯装完美。

婚姻，又会让男人回归本质。

一张证，确实，能改变很多。

做女人，要有淑女式的心态。

做女人，不要有淑女式的姿态。

淑女为何迟迟嫁不掉？

有个很奇怪的发现：淑女，给不了男人第一感官上的致命诱惑！

淑女难嫁，越来越成了这个社会的主流。

谁都知道男人都宠"坏女人"，可是，谁能说得明白，淑女为何屡屡输给小妖女？

既然是淑女，一举一动间，总有着一股温吞吞的甜味。这股子甜味，不见得人人喜欢，尤其是男人。

来看看淑女的做派：

淑女讲究站有站相。站着的时候，身体要稳重，不能晃动，一举一动都要一本正经。

淑女更讲究坐有坐相。头部微低，一般不爱跷二郎腿，两条腿要紧紧并拢在一起，脸上保持淡淡的微笑。

淑女喜欢两只手微搭着放在腰腹位置。娴静如古仕女的姿态。

淑女思索的时候常常抱臂于胸前。给人稍稍的距离。

……

以上种种，都是淑女身上最常见的身体语言姿态。

那么，接下来，我们来细细解读下这种种的身体语言，到底说明了什么性心理？

第一条，淑女站得稳重，立如青松，一本正经。

这说明，这个人对于情爱有着闭塞的焦虑。如同一个把自己反锁进密室的人，既渴望破门而出，但同时又害怕外边的动荡。

第二条，淑女双腿并拢，坐有坐相。

这说明，这个女人在对待情爱问题上，神经是敏感的。有时候，男人潜意识中，会通过一个女人是不是在跷二郎腿来判断她是不是容易接近。跷二郎腿的女人，更容易表达出真性情，而总是双腿并拢的女人神圣不可侵犯。她对待感情那种严谨过度的态度，往往令异性挠头。与她的谈话中，只要一旦涉及"性"意味，立刻，她会自认受到了侮辱。

第三条，淑女喜欢把双手搭在腰部位置。

这说明，淑女最害怕的是身体受到伤害。淑女比蛮女更重视身体的纯洁性和完整性。所以，男人看来，与淑女的恋爱迟迟进入不了主题。因为，淑女其实从心底里都不喜欢婚前性行为。

第四条，淑女喜欢双臂抱胸。

这说明，这个女人此刻正严阵以待，有着极强烈的自我防卫意识。也许，这仅仅只是她的一个惯势动作。但这个动作，恰恰说明了一个人的自我封闭。这是一种强调身体领域不可侵犯的防卫性姿态，是对陌生人和陌生世界的一种抵触心。此时此刻，即便她是礼貌的，也仅仅是种伪装。当然，即便是一个全然不懂心理术语的人，也会有这样的感受：双手抱胸，就是在拒绝对方。

这一条条逐一看下来，你是否有点明白淑女为何难嫁了吧？

淑女，把自己看得太紧。时时处处，她太顾忌自我的完整性。故而，一举一动中，全是无太多实用的装饰性。

当一个女人，修炼成了淑女，往往，也就成了别人心中的"虚女"，她的一举一动，看在别人眼里，就一个"假"字。

有些时候，想得到爱情，女人，得大大咧咧一点。

淑女，要"淑"在心里。至于外表的姿态，还是平易近人些吧。

我想，我不算是个太倒霉的女人。常常，有异性对我投来脉脉的情意。

我也不算是个太走运的女人。常常，这些情意，我无法把它们输送进内心。

我不是一个缺乏恋爱机会的女人，我只是一个缺乏恋爱感觉的女人。

上个月，又开始了一段恋爱，依旧是只恋不爱，虽然也偶有暂时的心跳加速，虽然也知道那是个很不错的人生伴侣，但似乎我对温情的感受力总是慢对方半拍。

于是自然，又是一段没滋没味的鸡肋之爱。

在一段段无果的恋爱结束时，我的心内总泛起阵阵悲凉：

我不是失去了一个个可以相伴的对象。我是失去了一种感知爱的能力。

记得你曾说过："每一份爱的感觉背后，都需要努力的经营。爱上别人，让别人爱上你，需要的不仅仅是瞬间的心动，更是有效的行动。"

只是不知道，像我这种日日生活在冰冷都市中、但又渴望真爱的人，如何才能唤起内心中对温情的感知？

——茉莉

幸福是一种能力。需要你去学习、去培育。

爱是一种感知力。需要你去唤醒、去接收。

每个女人的心底，都有无限种潜能。如何动用你内心的小宇宙，去唤醒它们，这是把握幸福把握爱，最根本的答案！

——苏芩

第9章

力量的唤醒——唤起女人内心的潜能

当一个人正注视着你，你知道会发生什么吗？

一项你驾轻就熟的熟悉工作，你会做得出色且高效率。

一件你缺乏自信的困难工作，你会出现失误且结果一塌糊涂。

可见，做一件你擅长的事情时，有观众在场，会令你的表现加分。做一件你不擅长的事情时，有人在侧，那你就几乎不可能顺利完成。

因为，这是"唤起"。

每一个不爱吃饭的小孩子，每当有其他小朋友在侧时，总会表现得比平时多吃一些。

每一个参加比赛的运动员，每当自家拉拉队山呼海啸时，常会发挥得比平常训练要出色许多。

每一对不爱做家务的伴侣，每当家里来了亲朋好友，总会表现得比平常要勤快不少。

……

很多人，把这称之为"表现"，用流行的话讲，有"秀"的味道。

这并不单纯只是一场表演。在这些特定的场合下，人确实就会拼尽力量去打造一个更完美的自己。

这是因为，某些特定场合特定情境，容易诱发人的好强神经。这是对人自身潜能的一种唤醒。

当知道那个异性正喜欢着自己，女人的爱觉会被唤起。

当对方具有开朗外向的个性表现力，女人的好感会被唤起。

当对方具备与她相似的性格特征，女人的友谊会被唤起。

当面对一个舒适的环境，来访者的好感会被最大限度地激发。

当有他人在场，那些最在意别人评价的人，总会表现得格外糟糕。

同时，唤起理论认为，在他人在场时，人会受激励而把自己擅长的事做得更好。于是，现如今公司里流行开放式办公室，这运用的是"借由他人在场而进行的唤起"。

唤起理论认为，当与比自己稍微优秀一些的人一起共事时，人们的表现最好。所以，父母无不希望子女与更优秀的朋友为伍。

唤起理论认为，人的个性会影响周围人的情绪。所以，男人都喜欢个性开朗的女孩。因为男人的恋爱，首先是为了快乐。

不同情况下的"唤起"，会有不同的效果。

女人若对一个男人有好感，那么在拥挤的场合下，更能急速地激发她情爱的火花。

女人若对一个男人有反感，那么在拥挤的场合下，只会让她恨不得甩他一耳光。

所以，每个女人，都应该牢牢记住这个词：唤起。

因为，每个女人的内心，都有一座沉睡的火山，一旦汹涌，力量无可估量。

从专业的心理学角度看，唤起，能够增强一个人自身所有的优势反应。在实践中，唤起可以提高课业成绩和工作绩效。在婚姻恋爱中，唤起，能让人更加感受到"爱"的甜味。

若没有唤醒内心的感知系统，人便如身坠棉花屋中，使不出力气。而一旦运用技巧，把感知系统调整到清晰的认知轨道，这个人，便等同于进入了快速成功轨道。

那些成功的女人，不是因为她天生具有何种的奇特才能，仅仅是因为，她更早地，为自己进行了一场"心灵唤起"。

有些人是想什么说什么。

有些人是说什么想什么。

有时候，语言氛围决定思维氛围。

掌握最积极的心理暗示

有人认为：思维决定语言。

但也有人认为：语言也决定思维。

语言学家本杰明·李·沃夫认为：语言方式决定人的思维方式。

他在研究中得出结论：英语中带有强烈的以自我为中心的情感元素，故而说话的人呈现出更积极的心态；日语中更多带有人际情感关系词汇，于是说话人显得更热情有礼；汉语中反应的则是符合中国人价值观的中庸思想，所以说话方式呈现出积极消极两方参半的情绪。

虽然，对于本杰明的观点，不少心理学家持反对观点，但不可否认的是：语言，是对自我心态最直接的暗示。

甲问：最近过得怎样？

乙答：马马虎虎吧。

这是中国人的谦虚，也是种无形的自我心理暗示：马马虎虎，不过如此。

天长日久沉浸在这样的语境心境中，不少人常有不提气的感觉。总感觉日子越过越闷，行为处事少了几分精彩，人生如秋水无波。

不少中国女人，喜欢看韩剧日剧，即便没什么惊心动魄的故事结构，即便只有两个人家长里短的闲聊，也吸引她慢慢地看下去。

问及爱看的原因，她说不出。只觉那种氛围让人温暖。

　　相信，那种温暖的氛围，便有"说话"的原因。积极、乐观、温暖，无论何时，总是人心最好的营养剂。

　　中国人反对张扬，有他的优势，也有他的劣势。

　　尤其这样的时代里，张扬，也是"积极"的一种。

　　做一个积极的女人，要从积极的话语方式开始。

　　积极的心态，从积极的语言开始。

　　不需要说英语，也可以有英语一样的思维。

　　说话时，多添加几个肯定的、积极的词汇量，尽可能地在语句中多点"快乐，舒服，信赖，价值，保证，真实，幸福，安全，健康，漂亮，优雅，活泼"等积极心态的褒义词。天长日久，会发觉，心，也会越来越敞亮！

　　如果要反驳对方，别说"你是错的"，试试说"这是不对的"。

　　如果想倾心剖白，别说"说实话"，试试说"我认为应该……"。

　　如果想要表达不同意见，少说"但是"，多试试用"而且"承接上下句。

　　语言决定思维：不光决定说话人的思维，更决定听话人的思维。

　　　　　爱情让人发生不同的情绪。

　　　　　情绪也可决定爱情的发生。

怎样唤醒你的"爱觉"

　　研究发现：神经刚刚经历过刺激反应的男人，更容易对异性产生爱的反应。比如，运动过后，惊吓过后，厌恶过后，欢声大笑过后，热闹的聚会结束后……立刻给他们安排一次相亲，面对应约而来的女孩，他们会更容易对她们钟情。

在心理学上，这被称为"唤起"。

心理学家无不承认，唤起，是爱情产生的重要因素。

可以这样理解：长期处在平淡、稳定生活状态中的人，心理上很难有起伏感，于是，即便面对不错的异性，他们也很难瞬间产生爱情的激情。感情的产生，需要刺激。

如果非要把男女双方定义成两种化学用品，那么，想要他们尽快地产生化学反应，必要用到合适的"催化剂"。而这个催化剂，便是必要的情绪刺激。

明白了这一点，你可以自己检测下自己的心了。有不少男人女人，相亲屡战屡败，说起爱情，总是三个字"没感觉"。归根到底，还是平淡生活造就了平淡的心态。

有人说：爱，需要的是运气，在等待中，总会有那么一个人的降临。

只是，如此这般的童话，还是少信为佳。

如果，你没有一颗愿意去感受的心，一百个真命天子从你身边路过，你也只会一百次地与他们擦肩而去。

善于安排自己的生活，善于调节自己的情绪，让自己浑身上下总能洋溢出新鲜的因子。爱的感觉，离你不太远了……

太容易上手的女人，也太容易让男人失去兴趣。

太容易到手的男人，会让女人认为他是骗子。

如何让他对你一见钟情？

心理学上有个词汇——初始效应。

转化成通俗的说法，就叫"第一印象"。

很多人都承认，自己对一个人的长久态度究竟如何，往往在第一次见面时就已然写定。虽然他们也承认自己的"执拗"，但没办法，第一印象决定最终印象。

调查显示，人们对于那些在社交场合中形象整洁、举止大方、并且着装稍稍优于自己的人，会有更良好的第一印象。

细细深究起来，女人比男人更注重"第一印象"。

虽然，女人比男人更爱说"长相无关紧要"，但确确实实，一个异性的外表特征，会更容易影响到女人的行为。

一个女人，与对方见第一面之后的所有见面和接触，都是在为之前的"第一印象"累加佐证。

不论是择偶还是择业，女人，为这第一面所做的准备，都远远超出于男人。女人坚信，这一面，决定日后所有的轨迹走向。

所以，第一面的失败，总会给予女人更深的挫败感。因为，她比他，花了更多的心思。

很多适婚女人，总是在"相亲"问题上纠结心思：如何才能相亲成功？如何才能给他留个好印象？

可是，要想相亲成功，不必非要给他留个好印象吧？

同样是"初始效应"，但男人女人对待"第一印象"的态度略有不同。

第一印象不好，女人会排斥这个人。

第一印象不好，男人会记住这个人。

所以，不能让他惊喜，那就让他惊怒。

作为一个有创意的女人，常常会剑走偏锋，不是温和的垂笑，不是顺敛的低眉，她有她的个性十足。往往，这会取得不一样的辉煌战绩。

男人征服女人的手段，是要让她笑。

女人征服男人的手段，则可以让他气。

第一面让他气，第二面让他笑，第三面让他哭笑不得……几面下来，这个男人，十有八九归你了。

因为，在怒与乐的不断交替转换间，这个男人正在经历一场前所未有的感情激荡。那些让人爱恨不能的小妖精，就是擅长利用这种情绪变换的招数抓牢爱情。

差不多身边所有的男性朋友都说："我喜欢那种略带神秘的女人，当你看到了她的这一面，她还有不为人知的另一面在等着你。永远永远，让你有看头。"

男女之间，就那么回事儿：有刺激，才能赢得好印象！

男人说："看美女不代表我爱美女。"

可美女看太多，男人总会在心底生出"比较"心。

想管住男人的心，也得管住他的眼

管住男人的心，先管住男人的眼

男人，天生对色情读物感兴趣。

有些男人，则是酷爱色情读物。

每每，那些女人问："男友酷爱看美女裸照，这会不会对我们两人的感情有影响呢？"

虽然，她的男友会辩解："看看而已，又不是真的有事发生。不必大惊小怪。"

但实际上，一个以看性感美女为乐的男友，必然是会为你的恋情增加风险的。

很多男女，会把观看成人片当成是两人间激情的引子。

但实验中显示，一个刚刚观看完裸体女照的男人，会觉得妻子对自己的吸引力减小。

观看色情视频，会降低自己对伴侣的满意度。

如果某一方对这类色情文化上瘾，那么，不论婚姻还是恋爱中，他（她）对伴侣的兴趣会逐日减少。

这实际上是一种性唤起。

现代，出轨率越来越高，不是因为别的，而是因为人眼中所能看到的东西越来越多。

对古代男人而言，美女是百里挑一。

对现代男人而言，美女是举目数百。

这样一个时代，美女太过拥挤，对男人对女人，都不是幸事。

在看到了一个光彩照人的同性后，人们会觉得自己缺乏吸引力。尤其是女人。

那些以看性感美女为乐的男人身边，总有个嫉妒到发狂的女人。因为他的一眼，让她信心全失。

女人，如果不够标致，不要天天跟美女"耗"在一起。

天天跟白雪公主住一起，人人都变成了白雪后妈。

比较，最能杀人。

当你的男友理直气壮地跟你说"看美女不代表我爱美女"。

不要听他的狡辩。你该做的，是控制他，别看上瘾。

敌意总是招致敌意。

热情才能换来热情。

任何一种人际关系模式中，情绪的传递都是相互的。

爱他，先把他想得好一点

见过很多女孩子，虽然，别人能从她的男友身上挑出百种毛病，她的嘴里，对他，却只有铁齿铜牙的捍卫："他在我心里是最完美的！"

每每，大家常叹气："这姑娘可真单纯！"

真单纯吗？

未必吧。

她们是真聪明的女孩子。

越是人前，越要刻意描画男友的好，这就等于把不懂事的男友硬往好人堆里推。久而久之，周围人对他就会自动自发地形成监督机制，想不乖，可要想想后果：有对你信誓旦旦的女友，有众人灼灼闪亮的目光——你敢明目张胆去坏么？

当然，抛开这些要弄心计的观点不谈。一对男女，在脑海中把伴侣理想化，是有助于感情的黏度的。

把对方想得好一点，可以减少感情中的矛盾冲突，能够令婚姻的满意度更高。

而同时，当伴侣中的一方，把另一方理想化、完美化，对另一方也是一种情感激励，有助于唤醒他（她）的斗志，从而朝着完美化的进程去努力。

就像很多人说的那样：爱，有助于创造出想象中的真实。

很多人总觉得：把对方想得坏一点，是给自己留足余地。

事实正好相反。

人，可以是魔鬼，也可以是天使。

这取决于你怎么看待他。

人之于社会，既有叛逆性，也有顺从性。

当社会对一个人形成了既定的坏印象时，少数人会想法去扭转，多数人会干脆破罐破摔！

很多年轻人，总在四处讨教"爱"的秘诀。

什么是爱？

爱，就是把他（她）想得好一点。

太忙的男人让女人心烦，但也牵肠。

太忙的女人让男人心忧，但也挂怀。

有时间的女人才有身价

曾经说：想要抓住男人的心，先得抓住男人的胃。

现如今：不少太太菜式烧得够得上专业水平，先生依旧出轨。

是啊，满汉全席天天吃，也够腻！

有个全职太太责骂家里的负心汉：我陪他走过了十年！我陪他租过民房，我陪他吃过苦的！

是的，你是陪他吃过苦，你是陪他度过了一个男人人生中最尴尬的十年。但是，有句话叫"此一时也，彼一时也"。十年后，他事业有成了，你呢，变身为没有工作的家庭主妇，只能靠在家做家务打发日子。

你们之间的距离越来越大！

一句话：这十年，他的身价一直在涨，而你的身价一直在跌。

虽然，如此说，很多全职太太会喊冤："我的身价跌，还不是因为我为家庭付出得多！还不都是为他奉献了！"

别这样说。

别以为所有的牺牲都能换来令你满意的回报。人，永远只会心甘情愿地回报那些他认为有价值的人。当夫妻二人的生活状态不再在同一平台，不论是男人还是女人，都会毫不犹豫地对弱势一方生出厌弃心。

一个有本事让太太全职在家的男人，都是成功的、高薪的。

这个成功的高薪的男人，常会说：跟老婆没有共同语言。

这我信。

真的，一个事业男人，跟一个全职在家的老婆，脑袋里的东西，确实相差十万八千里。作为一个太太，也许那是个贤惠勤 的太太，但作为一个女人，这十年，确实有点失败。

一个女人，放弃外面的社交圈，退守在家里，这份牺牲，可谓自残。

要知道，一个人，脱离了社会、脱离了社交，他的思 水平和生活能力，会呈一个逐步下降的趋势。

女人，别指望每天在家里洗洗衣做做饭，就能够抓住男人的心。不提升自己的身价，别指望他敬你如宾！

记住那句话：常常没时间的女人，才真的有身价。

女人胸部的分量，决定追求者的质量。

女人的"胸"态度

美国的一份心理学调查显示，男性眼中女性最有魅力的部位依次是：胸部、臀部、脚、脸部、头发。

这份结果，有些令女人意外：原本以为一张俏脸是征服男人的最佳资本，原来，恰恰不是。

同时，调查还显示：对待女性胸部丰满与否的态度，男人与男人之间也有不同。越是运动细胞发达、雄性激素旺盛的男人，越喜欢大胸女；而另外一些个性文静、宗教意识较强的男人，则喜欢小胸女。

胸部，是个暧昧的词。

对男人如此，对女人亦如此。

可能很多人都会听到女孩们说："我的身材就像高速路，自卑死了！"

与此同时，还有些女孩却因为过于"丰满"而自卑。

虽然，说起原因，她们会含糊地说"胖，想要瘦点"，但潜藏在她们心底的真实意识是：这份丰满，让自己少了若许少女般的清纯。

别以为女人都爱丰满。一个年轻的女孩子，最渴望的，恰恰是一份我见犹怜的单薄。

丰满的胸部，确实给人太多性暗示的意味。不论男人女人，总是会第一时间把"胸部"跟"生育能力"联系到一起，这是人类的本性。所以，那些胸部丰满的女孩们，常常会发愁："总有些男人把我当成不正经的女人……"

拥有不同规模的胸部，女人总会吸引不同层面的男人。

一个女人，不够丰满，她会遗憾于自己缺了女人味。

一个女人，太过丰满，则会发愁于自己熟得有点过于腻味。

过犹不及，这份中国式的哲学，用在女人的身材上，也甚是妥当。

环肥燕瘦，各有各的美法。一个女人，要学会用"扬长"来"避短"。发掘自己身上的一个闪光点，就可以掩住身上的一个缺失点。

一个男人，不会仅仅因为胸部问题而爱上一个女人。一个真爱你的男人，更不会仅仅因为胸部问题而彻底地放弃你。

别以为，变得更完美，人就会更快乐。

接受自己，才会获得更多的快乐。

不漂亮的女人嫁人成问题。

漂亮的女人嫁人后有难题。

漂亮，是女人的难题

女人都爱听男人唱一首歌："你在我心里是最美……"

在这世上，她是不是真的第一美人，这不重要。重要的是，他心里，得把她当"百花之首"。

总有些漂亮的女人抱怨："我老公，总说林志玲性感，张柏芝美艳。你说他什么意思？！这不明摆着说我不性感不美艳嘛！"

漂亮，是女人的一道难题。

漂亮女人嫁了人，会变成老公的一道难题。

从此后，家庭里，关于"美貌"的话题，既得常说，又不能随便说。

一个漂亮的太太，往往，只允许老公夸赞她的美，而不允许任何有关其他美女的声音存在。

别以为女人，没有什么，才会嫉妒什么。

事实上，一个女人，越有什么，才越会嫉妒什么。

越漂亮的女人越看不惯漂亮女人。只有平凡女人才能心平气和地跟美女做朋友。

没错，女人都爱被"夸赞"。

但，"夸赞"与"夸赞"之间也略有不同。

在男人心里，夸赞一个女人漂亮，就仅仅是夸赞一个女人漂亮。

在女人心里，男人夸赞另一个女人漂亮，就等同于说自己不漂亮。

所以男人都懂得，绝不能当着一个女人的面夸另一个女人漂亮。

在女人心里，这是侮辱。

其实都是女人太敏感。

虽然越是美女，越不希望自己的美居于人后。但只有做了"第一"的人，才懂得，这其中的辛苦。

一个美女，肯承认世间有比自己更美的女人，是种快乐的解脱……

男人，不必在一贫如洗的时候乞求爱情。

女人的爱情常跟美貌结合在一起，但男人的爱情，

永远跟"资产"如同双生。

钱是如何提升男人魅力的

女人总有如是心态：我不是爱钱，我是爱有钱的男人。

那些有钱有权的男人，在女人眼里，更显得渊博有气质。

有女孩子说："我不是拜金。我只是受不了穷男人身上那股畏畏缩缩的劲儿。你有真本事就展示给我看啊！"

等等、等等——姑娘，他倒是想展示给你看，试问，你给过他机会吗？

每一种人际交往中，交往双方都有主辅性。

也就是说，一方占主导，引领着整个的交往模式；另一方为辅，顺从着另一方的交往模式。

而主辅双方的产生，往往是以社会地位和经济地位的高低优劣

而自动划分的。也就是说，弱者遭遇强者，会自动自觉地选择去服从。

生活中，那些有钱有权的强势男人，总是处于这个主导者的地位。他会根据自己的兴趣和特长，主动引出话题并控制谈话内容。在这个领域范围内，他当然是渊博的。而在交往的过程中，他们的才华能力，自然也会被另一方所高估。

很多年轻女孩子，遇上了钻石男。

每次约会结束后，回来找闺蜜倾诉相处时的点点滴滴，他的言他的行，总是充满着难以估量的魅力。跟他的约会，就像是看一部奇幻电影，每一秒都有未知的收获。

她觉得他好有学问，但她没想过的是：出来混，谁没点唬人的小本事！

每个人都有自己的专长，但那些漂亮姑娘们，宁愿听有钱男人聊枯燥的数学哲学逻辑学，也不愿听穷小伙儿聊有趣的文学戏剧和电影。

富人，只需要身边有个倾听的人。

穷人，最需要的永远是展示的机会。

恋爱中的女人，总有倾诉欲。

只有那些找到了钻石男友的女人，才会学会"闭嘴"。

因为，到了穷男友面前，女人当然要做交往中的主导者。当然，只有她说，只能他听。

钱，可以唤醒很多奇迹，包括女人的爱。

可是很多女人不明白，你认为那些男人太无才，也许仅仅是因为，你没有给他一个主动挑起话题的机会。

爱也是感觉，这种感觉产生的前提条件，

必然是一种"优势"的刺激。

如何唤起男人对你的好

人，总有点嫉妒心。

女人的嫉妒心，又总比男人稍稍多那么一点。不论情场还是职场。

女人之间喜欢攀比。永远永远，女人只能够心平气和地跟比自己更倒霉的女人交往。

当然，那些追求上进的女人们，千万不要堕入这样的心理误区。

事实证明：当与比自己稍微优秀一些的人一起共事时，人们的表现最好。

记住：是稍微优秀一些，而不是优秀到让你难以触及。

对一个努力中的人而言，有个稍稍强你一些的伙伴，最为重要。旁边那个优秀的他，是你心里的一把小鞭子，总是轻轻敲打在你心上：喂，加油啊加油！

所以，父母总是希望孩子能有个更出色的玩伴，男人总希望女友能有些更优秀的闺蜜，女人总希望男人拥有更高端的交际圈子。皆是因为，那些拥有更出色玩伴的人，总是进步得更快。

在婚姻恋爱中也是一样。

女人的一生，致力于寻找一个比自己更优秀更出色的男人。

在找到这样一个男人之后，她总是埋怨他不够专心不够用心。

可是她却没有想过：面对一个优秀的对象，谁都想全力以赴地去表现。面对一个不如自己的伴侣，那股上进心会松懈掉。

一个人，要有值得对方欣赏的地方，他才会宽容你、体贴你。

不是每一份爱的前面，都有价钱。

却是每一份爱的背后，都有价值。

唯有优秀的女人，才能够唤起男人全部的优异潜质。

人与人的交往规律向来如此：想要他人给你更多，首先，你自己先得拥有得足够多！

爱的战场上，没人同情弱者。能让男人迷恋的女人，大都有自己的本事。

想让一个男人真心地爱你，你得能够做到真的对他很重要。

女人想要成功，得先学会情绪管理。

女人要想失败，放任自己的情绪即可。

学会合理情绪管理术

有这样的发现。

有一类女人极其自我，随时随地都张扬着个性，棱角分明。

这类女人，有个口头禅，爱说"我相信"。

"我相信这事一定没问题。""我相信他终归会回头的。""我相信问题随时可以解决。"

另一类女人相对规范，进退间时有犹豫，个性显然保守沉稳。

这类女人，也有个口头禅，爱说"我知道"。

"我知道这事一定没问题。""我知道他终归会回头的。""我知道问题随时可以解决。"

细想想：虽然仅仅是只言片语之差，其语境设定的感觉，却相差极大。

哲学家维特根斯坦提出，"我相信"和"我知道"之间，存在着巨大的心理差异：一个人说"我相信"时，有可能是单纯的主观意气相激；但一个人说"我知道"时，往往是有了更多客观性的推测和依据。

当然，看到这儿，你别以为"我知道"就一定胜过"我相信"。

其实这两者，在不同的情境下，都会有不同的大作用。

不论是"我相信"还是"我知道"，对一个人都必不可少。

当你的周围，人人都在说"我相信"，你要学会说"我知道"，让那股激热缓一缓、凉一凉。

当你的周围，人人都爱说"我知道"，你要敢于做那个说"我相信"的人，这是统领者的范儿。

再者，当遇不顺时，要多说"我相信"，用感性激励自己走出泥潭。

当人生太顺时，要养成说"我知道"的习惯，用理性来规范自己。

人生好比一锅汤：要沸时，加瓢水，温吞时，加点火。

人人一锅汤，还得靠你自己的火候自己熬。

女人通过征服男人来征服世界，男人征服世界的

目的也不过是为了尽可能地征服更多女人。

男女间，有关"征服"的游戏热闹非凡。

情场胜女如何表达暗恋

女性读者这样问："我如何才能让那个男人知道我喜欢他？"

男性读者这样问："我如何才能知道那个女人是不是喜欢我？"

这两个问题，说到底是一个问题：女人，会如何表达自己的爱意？

那些能搞定自己喜欢的男人的女人们，总会在一颦一笑间添加上"情"味，让对面的人慢慢尝细细悟……这种女人这种爱，才是男人的最爱。

姑且，我们把这些聪明女人称之为"情场胜女"。她们的示爱招数，都是春风化雨般融会在日常的一言一行中的：

情场胜女面对喜欢的男人的询问，从不会直接给出答案。她会顾左右而言他，故意扯些疯话来与他开玩笑。在令他着急的同时，也令他明白："我对你有意。"

情场胜女常常会喊一声那个男人的名字，然后刹住车，再等他来问"何事"，她只答"没事"。一来一往间，一男一女的话题就来了。

情场胜女懂得如何与喜欢的男人"作对"。对他提出的那些容易的要求，她偏答"我不"；当他果真遇到棘手问题是，她会仗义地说"我来"。她们不会答应男人提出的所有要求，只会有选择性地答应对那个男人而言最紧要的问题。因为她们懂得，如何把男人的感激值发酵到最佳程度。

情场胜女的眼神从来不会一天到晚只盯着一个男人。她会对很多男人笑，但当她的笑脸转向你时，会笑得格外久一点、格外漂亮一点。这就是在提醒他："嗨，小子！该有行动啦！"她给他制造心理压力，但更给他一份心理驱动力。

情场胜女会跟自己喜欢的男人讲心事，当然，大多都是些烦心事。她会对他说，"我只是想找个人聊聊而已，你别多想，我没有其他的意思"，但男人若真信了这话就是傻瓜了。女人是一种天生懂得自我保护的动物，从来不愿轻易把隐私软肋透露给外人。她肯对一个男人讲烦心的事，那代表着她在向他寻求保护。聪明的男人，当然心知肚明。

……

逐条看下来，其实没什么高深的。毕竟，谈恋爱的男人大都爱一个浅显易懂的女人。太高深的手段，不适用于他们。只不过那些情场胜女，胜就胜在懂得把握人心的张弛度，懂得令对方对自己产生期待感。

虽然常常被那些含蓄的淑女们诟病，但永远永远，这种女人会被男人爱不释手。而这，大概就是一个女人，一生最珍视的荣誉！

结婚，也有合适的时间。

那些应时又应景的婚姻，总是走得更顺当。

最适合你的结婚年龄

把感情问题给"公式化"，其实是目前世界范围内不少研究者在做的课题，目的是找出婚姻中更多的规律性东西。最近，澳洲学者研究出了适婚年龄的公式。据称，很准，很多男性都在潜意识地实践中。该公式如下：

最初开始考虑结婚的年龄（P），你认为的最迟结婚期限（N）。

适婚年龄公式：$(N-P) \times 0.368 + P$

其实，在婚姻关系中，所谓的公式历来不少见。2009 年末的"理想夫妻公式""离婚夫妻公式"也曾在世界范围内引起了不小的争论。这两个公式内容如下：

理想夫妻公式：女方比男方更高的学历 + 女方年纪比男方小至少 5 岁 + 夫妻初婚

离婚夫妻公式：女方比男方更低的学历 + 男方年纪比女方小至少 5 岁 + 其中一方离异

最初看到这两个公式的时候，先是哑然一笑。看来，全世界的男人女人，都是一样一样滴。

来解读下这两个公式：

女方要比男方学历更高，很多中国人不理解，觉得那样一来女人不就是"下嫁"了么？不是这么回事。

现代科学证明，一个家庭中，太太的学历高，那这个家庭中成员的寿命会更长，因为学习的经验让她懂得更多科学。另外，高知太太更懂得理性地面对生活问题。而拥有一个比自己学历高的太太，作为丈夫，会对她更有重视感。

在中国也是如此。随便哪个本科男，要是娶了位研究生太太，会觉得是倍儿有面子的事儿。只可惜，中国的传统观念里，女人嫁人，得要求对方全方位地超越自己。其实，这也是女人在自毁资本。

要知道，学历，是女人体面的嫁妆。但能力，才是男人最有价值的资本。

还有是年龄问题。可见，各国的姐弟恋都不太有完美的结局。其实，男人女人的年龄差距，不是写在脸上，而是刻在心里。有这样的规律，但凡嫁了"小老公"的女人，总会在一定程度上存在自卑心理。正是这种心态，会最终导致婚姻的失败。

所以，年龄是女人最自信的资本。而婚姻中，女人的自信，是婚姻幸福与否的决定性因素。所以，小五岁的太太更容易获得幸福，不是因为她更年轻，而是因为她更快乐，于是也更能给对方快乐。

另外，夫妻间，各自是第几次结婚，对于婚姻的稳定性也很重要。

据统计，如果双方都是初婚，将更容易保证婚姻质量。如果双方都有离婚经历，再婚的稳定程度也几乎和初婚夫妻一模一样。但如果有一方曾结婚而另一方没有过婚史，这样的婚姻最危险。所以啊，年轻夫妻，别总把"离婚"挂在嘴边。看看吧，离婚后，不见得会过得更快乐。

可见，感情间最重要的是"心理平衡"。女人的自信也得有限度，心态好 ≠ 心太高。

虽然，人人都知道"心态比什么都重要"，但拥有好心态，要求你，至少，不要心太高……

有些事情，只有女人才懂。

当你还是个女孩时，不要奢望能了解全部。

那些只有女人才懂的事

"年龄越来越大了，怎么办？"

"身边美女越来越多了，怎么办？"

"这个月腰围又粗了半厘米，怎么办？"

……

在我的身边，常常听到一串一串类似的自问句。

天天问，月月问，年年问。

问的人，神情晦气；听的人，心中烦气。一个不自信的女人，总不会带给人晴朗的愉悦感。

当然，生活中向来如此。当一个女人慢慢走入成熟，眉宇间总会多了几丝不舒展。虽然不少人说"岁月留给女人的是从容之魅"，但从绝大部分女人身上，只看到了岁月的后遗症——抱怨。

女人这辈子，总爱跟自己闹别扭。而闹来闹去也不外乎是那件事：是女人，都怕自己越活越贬值。

女人眼里，"自身价值的流失"等同于"世界末日"！

工作的原因，总少不了跟女人打交道。每每说起自己的生活，总少不了悲观的调调。不论哪个年龄段的女人，似乎总处在一种辗转求之、却又求之不得的状态。而这种求之不得的东西，总结起来，不过就是：一个漂亮的生活姿态。一份能让自己满足、能让别人羡慕的漂亮生活。

所以，每当女人问道："如何，才能活得真漂亮？"

答案其实好简单：只要能改掉不断给自己提反问句的毛病，你想要的东西，便不远了。

想想看之前的那一排问题，何必如此悲观，庸人向来自扰！

虽然，年龄越来越大了，可熟女的风情，不是清纯小妹随便学得来的。

虽然，身边美女越来越多了，可脑袋里的聪慧，是比漂亮更大的吸引力。

虽然，这个月腰围又粗了半厘米，可老公却夸你的拿手菜煮得越来越地道了。

……

每个女人，都爱一个词：优雅。

可你知道吗？

优雅，不是女孩的事；优雅，是女人的事。

不经些岁月的历练，女人哪，优雅不会来敲你的门。

年轻漂亮如同麻辣锅，喷香刺激，成熟韵致如同蘑菇汤，养生滋润。

女人的美丽，随着岁月的流逝，都会变得旧一些、再旧一些。但是，女人身上那份陈旧的美丽，嚼在世人的嘴里，叫做"女人味"。

当一个女人，安然接受了岁月的一切，接受了生活的全部，那份从容，就是小女孩们要学十年才能学到的优雅……

男人关注自己在世界中的位置。

女人关注自己在别人心目中的位置。

女人心情不好，就是为了让男人看到。

男人心情不好，是真的不想看到女人。

一个女人，男人敢不敢对她乱来，全都是写在她的脸上。

女人，通过恋爱认识男人，通过失恋认识自己。

一个成功的女人，能抓住钱。

一个女人的成功，能守住爱。

一百种心思智力往往都比不过一个女人温和甜美的声音。

一个男人的真相，只有他老婆才能看清楚。

爱情敌不过时间，时间敌不过一次重逢。

男人爱招惹妩媚的女人，会追求可爱的女人，会娶贤惠的女人。

一个女人，让男人有面子，就能够得到他的里子。

女人会为了身边一切跟自己有关无关的男人吃醋。

男人只会为那些对自己而言有价值的女人吃醋。

恋爱不怕悲剧。恋爱最怕闹剧。

女人只会吃一个女人的醋，女人一般不会吃一堆女人的醋。

坏脾气是认人的。它天生爱找那些接受过它的人去

欺负。

女人爱上一个男人的理由会有千万条，男人爱上一个女

人的理由可能一条也无。

男人间的友谊比女人间的友谊更可靠，往往就是因为，男

人间会用更坦白的方式去对话。

没有人会真正地信任情人。爱情关系，是引发"猜忌"最多

的感情关系。

男人的梦想是事业，女人的事业是梦想。

男人遭遇选择问题，首先会想到"获得"。

女人遭遇选择问题，首先会想到"失去"。

男人天生是为了获得结果而存在，女人天生是为了理顺关系

而存在。

男人终归还是喜欢美女。一个女人让自己丑，就等于让男

人对自己狠。

爱化妆的女人能够征服男人。

不化妆的女人志在管理男人。

太容易上手的女人，也容易让男人失去兴趣。

太容易到手的男人，会让女人认为他是骗子。

男人的爱，实行的是一次性付款，希望一次买断全部的爱。

女人的爱，实行的是分期付款制，越到后来越需要你追加投资。

别人的爱情就像时装秀，你看在眼里的是风姿绰约，看不到的是那身上的勒痕。

初恋后的所有恋爱，都是在寻找初恋情人的升级版本。

获得女人的爱情，男人需不断示爱。

获得男人的爱情，女人需不断示弱。

要想玩得起，首先得输得起。

一个孩子若要坏起来，会比一百个大人加起来更歹毒若干倍。

因他心里并不了解"坏"的含义。

女人说"我讨厌说谎的男人"。但在外貌和魅力问题上，她永远希望他能不断地骗她。

成长总是要付出代价的，这个代价，不是伤己，便是伤人。

在关系社会里，一个天天脸上挂着"野心"二字的人，
没人愿给他真正好的机会。

贪该贪的情，追值得追的人。别人的生活不要羡慕太多，
尺寸不合的生活，只会给你切肤的痛……

这就是爱的辩证法：得到后，总会失去；得不到，反而会
更长久地拥有。

爱上一个人，只需一分钟，但忘记一个人，也许一辈子也做不到。

每个女人都觉得自家那个男人是与众不同的，虽然其他女人
眼里，那也只是再普通不过的一枚贱男而已。

女人的拒绝，是为了进一步赢得爱情。

男人的拒绝，说明他有位泼悍的老婆。

有时一个年轻女孩所有的"自信"，只不过是来源于一个有
钱男人多看了她几眼。

让一个女人心甘情愿变蠢，只是因为爱。

了解世界，不要靠恋爱。恋爱告诉你的"世界"，常常是
世界的假象。

男人的恋爱，总比女人先一步开始。

女人的恋爱，永远比男人后一步结束。

男人其实不喜欢化妆的女人。但现代的美女脸上的妆，却是男人们的面子。

人生是缺憾。男人，仅仅是缺憾中的一部分。

女人把男人的友好当作爱的预兆。

男人把女人的友好当作性的诱惑。

女人自认抓不住的男人，一定是对她忽冷忽热的男人。

一个让她捉摸不定的男人，她会更加爱他。

但一个让她捉摸不定的女人，她会干脆不理她。

男人说话，是简单的表情达意。

女人说话，是场盛装的演出。

女人一滴泪，顶男人一百张嘴。

强干的女人，会用辩才让对手服输。

聪明的女人，会用微笑让世界低头。

一个女人，能让男人讲真话，那离他的心就不远了。

30 岁前，女人并不真正需要朋友。30 岁后，女人才热衷于联络友谊。

女人，从折磨一个男人的过程中，找到被爱的尊
荣感。

女人具有水一般的可塑性。加糖，她会变甜；加盐，她
会变咸；苦味剂，也会让她变得更苦。

一个能干的女人背后，常常，有个靠不上的男人。

一个笨笨的女人背后，常常，是那个男人太宠她。

男人，常常爱拉长恋爱的期限，那是他没玩够。不想这么快
就负担加身。

女人，也常常爱拉长恋爱的期限，那是她在等待。等一个更
好的对象出现。

不是所有女人都能改变一个男人。尤其，当她爱他更多一
点时。

女人的嫉妒，顶多发发脾气闹闹情绪。

男人的嫉妒，是会记在心里的。

女人爱一个男人，有可能终其一生，只有她自己
知道。

男人爱一个女人，若不能让她知道，那不如不爱。

一个男人，仅仅为了恋爱而恋爱，身边照样会有一大堆的痴情女愿陪他到最终。

一个女人，仅仅为了恋爱而恋爱，身边只会迅速地常常换人。

一个女人，要想对男人慢慢生出爱情，至少，从一开始，他身上就该有点吸引她的东西。

爱情这物件，就只有还没切切实实到手的那段光景，感觉才最过瘾。

分手时，表现越干脆的女人，越容易赢得男人的眷恋。

真正爱上了，女人会跋扈，男人会乖顺。

男人搞关系，是为了摆平世界。女人搞关系，是为了搞定一个接一个的"人"。

女人普遍愿意跟男人做朋友，因为男人不需要跟她攀比谁更美、谁的男友更有钱。

男人女人之间的友情，通常，是越界的前奏。

女人需要男人天天向她承诺，因为仅仅隔了一天，她便觉得，那"承诺"听上去已然太假。

初恋男人唯一能给你的，是一生的记忆。

占有，是我们对爱的要求。被占有，是我们对爱必须

承担的责任。

爱上一个人，首先要接受被占有，其次，才是你占有了他。

天使给了你希望，魔鬼告知了你真相。

唯有跟魔鬼合作，你才能真正成长。

一个人的关注点，决定了他的格局。

一个人关注多大的事，代表他能做成多大的事。

幸福是个糊涂虫，想要跟它不期而遇，首先，你得有点大神经。

女人，总抱着征服工作难题的心态去征服恋爱难题。

结果，那个男人总会成为最大的难题。

一个女人，当开始生出折腾他的欲望，说明，她真的爱上了。

恋爱，也是女人的实验，虽然男人普遍受不了这样的化学

反应。

没有真正经历过爱情的跌宕起伏的女人，不适合男人娶

回家里做老婆。没吃过苦头，她不可能真正知道"甜"

的滋味。

有时候，生活中全部的"浪漫"，也仅仅只是，牵着对方的手……

男人谎言更倾向于解决问题，女人谎言更倾向于追求心安。

男人都怕隐藏的对手，但女人宁可有人与她们暗中作对，也不要他们公开挑战。

爱美是人之天性，爱招惹美女是男人之本性。

没有女人愿意真正去独立，这会让她感觉自己像个无家可归的孩子。

老公的脾气，决定老婆的皮肤。

恋爱，让男人努力佯装完美。

婚姻，又会让男人回归本质。

一个人的优点，即便是分隔两地，也会让你有感受。

一个人的缺点，在面对面时，一定藏不住。

年轻女人关注男人眼中的自己。

成熟女人关注自己眼中的自己。

聪明的女人，可以让男人对她讲真话。

可爱的女人，可以让男人对她讲情话。

第一印象不好，女人会排斥这个人。

第一印象不好，男人会记住这个人。

男人征服女人的手段，是要让她笑。

女人征服男人的手段，则可以让他气。

恋爱中，常常没时间的女人，才真的有身价。

拥有不同规模的胸部，女人总会吸引不同层面的男人。

在男人心里，夸赞一个女人漂亮，就仅仅是夸赞一个女人
漂亮。

在女人心里，男人夸赞另一个女人漂亮，就等同于说自己不
漂亮。

钱，可以唤醒很多奇迹，包括女人的爱。

失恋后，越是把对方想成坏蛋，未来的情路会越糟糕。因
为你纵容"恨"，杀死了自己那颗有爱有阳光的心。

婚外恋，当"痴"发展成"缠"，就是该告别的时刻了……

爱和珠宝很相似，人们最重视的往往不是它的款式，而
是它的价值含量。

恋爱，是人生中唯一可以倾其所有的机会。一段总有后路的恋爱，不可能真正成功。

对男人而言，情人，就是尽老婆的义务，却没资格享受老婆的权利。

男人即便风流，但对哪个女人可以娶回家，是会早有打算的。

男人拴住女人的办法有很多，最有效的一招是，不断对她许以承诺。

一个女人，想靠男人去成功，美色背后，还得有点真本事。

一个女人，把不光彩的情史统统告诉给一个男人，就等于已经把他划出"丈夫"的考虑范围了。

生活背景，太富裕或是太贫乏，都容易令人的心态变得非常规。

女人评判女人，嘴上总是以道德为标准，但心里永远是以性的吸引力为标准。

评断一个异性是不是自己所爱的，男人用的时间要比女人更短。

一个女人，若不能让一个男人变得犹豫，那她离他
的心还很远。

情人，是男人的心肝；太太，是男人的面子。

一个男人，即便没心没肝，也一定得保住自己的面子。

有些爱情，不到分手的那一刻，无法有切身的体会。

人一生唯一战胜不了的敌人是孤独感，而婚姻是解决"孤
独感"的最好途径之一。

现代的婚礼不再像是严肃仪式，而更像是一场自助游。

对付情敌，要竞争，而非不顾形象地去进行肉搏战争。情敌
之间，比的是魅力，而非体力。

贪钱的女人容易走上歪路，贪钱的男人则是女人的歪路。

女人都立志于让自己变得更漂亮，但女人永远希望男人并不
仅是因为漂亮而爱上自己。

女人之间攀比的是家庭背景，男人之间攀比的是社交
圈子。

男人了解女人越慢，便迷恋她越久。

女人的挑剔，有时也是身价。

越是失过足、吃过感情苦头的女人，一旦遇上了好姻缘，越会死心塌地好好过日子。

一个男人如果非要得到一个女人，他总会有办法成功的。

爱的战场上，没人同情弱者。能让男人迷恋的女人，大都有自己的本事。

想让一个男人真心地爱你，你得能够做到真的对他很重要。

在婚姻问题上，女人都有点"赌瘾"。

幸福，不是贪多求全。幸福，只是把优点放大。

对女人而言，是希望上了一个男人的床，就能跟他过一辈子。

每个人生来是不同的。人生就是要求你在一个个不同的起点上，跑出一个相同的高度。

一个看重"条件"的男人，女人不该无视一切条件地任性去追。

女人天生都爱做梦，但梦做得太久，会荒废生命。

虽然女人最爱说"我这人最迷糊"，可每一个辜负过自己的人，女人会一辈子牢牢记住。

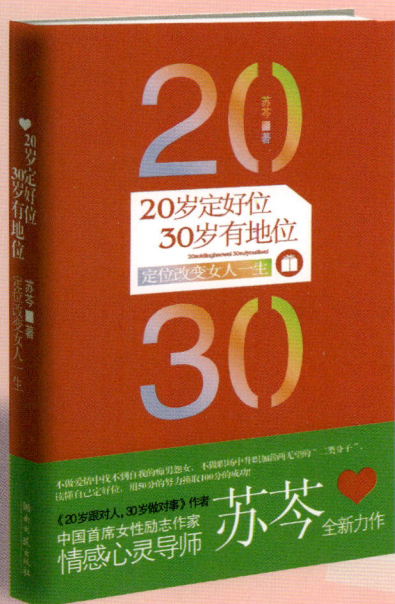